CW01163470

MY WAY

Wie ich aus meinem Leben ein Meisterwerk machte und wie du das auch schaffst!

IMPRESSUM

© 2020 Heiko und Anja Münzner

Zweite Auflage

Coverfoto: © Dorothee Sykora - Fotostudio Sykora
Coverdesign: Anja Baumgärtel

Bilder:
Foto-ATELIER Lorenz
Fotostudio Sykora
Weitere Bilder Anja und Heiko Münzner

Lektoriat:
Andrea Groh

Herstellung und Verlag:
BoD - Books on Demand, Norderstedt

ISBN: 9783752642131

Inhalt

Vorwort	7
Einleitung	10
Was hat das alles mit Hunden zu tun?	13

Teil I
My Life today	16
My Life yesterday	49
My Life tomorrow	63
My Way – my Business	73
My Way – my Dogs	98

Teil II
Was ist Glück?	111
Meine Instrumente zum Glück	135
Ein Mensch ist die Summe aller Bücher, die er gelesen hat	164
Was ich dir wünsche	183
Danksagung	186

Widmung

Ich widme dieses Buch meinen Eltern
Rosemarie und Heinz Münzner.
Ich bin euch mehr als dankbar für alles, was ihr für mich getan habt.

Vorwort

Die Zeit rennt ... Am deutlichsten sieht man das an den eigenen Kindern, den Hunden und manchmal an Buchcovern. 2016, als die erste Auflage von „My Way" erschien, hatte ich ein Foto von mir auf das Buchcover drucken lassen. Vier Jahre später bin ich nun 47 Kilogramm leichter, was deutlich zu sehen ist, sodass ein neues Coverbild fällig war. Letztlich habe ich nicht nur Gewicht verloren, sondern auch als Typ-1-Diabetiker meinen Insulinbedarf um 75 Prozent heruntergefahren. Zudem habe ich meine Fitness so weit hochgefahren, dass ich locker einen Halbmarathon laufen kann. Vor drei Jahren noch hätte ich keine 1000 Meter durchgehalten.

Vier Jahre sind eine lange Zeit und wir alle schreiben jeden Tag eine neue Seite in unserem Lebensbuch. Manche ganz bewusst, andere eher unbewusst. Mein Ziel mit „My Way" war und ist, dir zu zeigen, dass wir selbst die Macher, die Gestalter unseres Lebens sind. Alles, was wir heute haben, alles, was wir sind, haben wir selbst verursacht. Und so wird es in unserem Leben auch weitergehen. Es ist eine Tatsache: Jeder Mensch hat selbst die Verantwortung für sein Leben. Was du wissen musst, um aus deinem Leben ein Meisterwerk zu machen, findest du in „My Way".

Wenn ich dir noch einen wichtigen Tipp geben darf: Nutz deine Zeit! Viele Menschen leben, als hätten sie unendlich viel Zeit. Doch das ist nicht so. Wie in einer Sanduhr der Sand verrinnt deine Lebenszeit Tag für Tag und kommt nicht mehr zurück. Keiner von uns weiß, wie viel Zeit ihm in seinem Leben zur Verfügung steht. Durch eine gesunde Lebensweise können wir die Weichen für ein langes Leben stellen, aber richten kann uns letztlich nur Gott. Immer dann, wenn ein geliebter Mensch stirbt, werden wir schmerzlich daran erinnert, wie wichtig es ist, nichts auf morgen zu verschieben. Die kleinen wie die großen Dinge. Das nette Wort, die Zeit mit der Familie, der Besuch bei unseren Eltern, eine Reise. Egal, was es ist ...

Ich musste vor Kurzem von einem jungen Menschen Abschied nehmen. Dieses Buch war ihm in seinem letzten Lebensjahr eine so große Motivation, dass er damit sein Traumleben plante und auf den Weg brachte. Leider blieb ihm nicht die Zeit, alles umzusetzen. Bei der Trauerfeier fiel es mir schwer, nicht die Fassung zu verlieren. Mir wurde bewusst, was dieses Buch bei einem Menschen bewirken kann. Und zugleich, wie kurz unser Leben sein kann.

Und nun wünsche ich dir Freude und Vergnügen mit „My Way". Vielleicht unterstützt es dich dabei, aus deinem eigenen Leben ein Meisterwerk zu machen.

Heiko mit den Terriern Porthos, Raggedy und Glenn

Familie Münzner mit ihrem Hunderudel

Einleitung

Montagmorgen, 5:21 Uhr. Mit einem lauten Klingeln holt mich der Wecker aus dem Schlaf. Ich strecke mich. Ganz langsam greife ich nach rechts und berühre den Rücken meiner Frau. Ich kraule sie einen Moment, und dabei denke ich mein erstes Gebet des Tages: Lieber Gott, hab Dank, dass ich gesund bin. Hab Dank, dass es mir so unwahrscheinlich gut geht. Hab Dank, dass ich diese wunderbare Frau an meiner Seite habe. Hab Dank, dass unter diesem Dach meine drei tollen und gesunden Kinder schlafen. Ich weiß, dass all das nicht selbstverständlich ist. Ich danke dir für diesen neuen Tag, den du mir schenkst. Und ich bitte dich, gib mir die Kraft, die Menschen an meiner Seite und die Menschen, die etwas von mir erwarten, zu begeistern. Amen.
Ich stehe auf, gehe ins Bad, dusche und nebenbei lese ich einen Bibelvers und spreche meine allmorgendlichen Suggestionen. Wenig später sitzt meine Familie am Frühstückstisch. Ich liebe es!
Mein Leben ist ein Traum, und manchmal habe ich wirklich Angst aufzuwachen und alles, was ich liebe und schätze, ist plötzlich nicht mehr da. Doch das wird nicht passieren! Nein, mein Leben ist real. Aber mein Leben war bei Weitem nicht immer so. Ich möchte sogar behaupten, dass es oft das ganze Gegenteil war. Ich gehöre eher zu den Leuten, die die

Regeln des Lebens auf die harte Tour lernen mussten. Ich bin froh, dass ich diese Regeln gelernt habe. Denn nur deshalb konnte mein Leben so werden, wie es heute ist. Es wäre für mich furchtbar, wenn ich ein Leben in Mittelmäßigkeit führen müsste. Ich hasse Mittelmäßigkeit und ich hasse den Durchschnitt! Ich hasse die Vorstellung, jemand zu sein, der inmitten der grauen Masse steht! Für mich ist es ein Kompliment, wenn jemand zu mir sagt: Du bist doch verrückt! Natürlich bin ich verrückt, verrückt und weggerückt vom Durchschnitt. Die Welt ist voller Menschen, die ähnlich denken, ähnliche Dinge sagen, ähnlich aussehen, ähnliche Berufe haben, ähnliche Sachen essen, ähnliche Autos fahren und sich eben in fast allen Dingen ähnlich sind. Leider auch in ihrer Frustration!
Mit diesem Buch möchte ich möglichst viele Menschen zum Nachdenken anregen. Ich bin überzeugt, dass jeder Mensch, egal wo er heute steht, sich das Leben erschaffen kann, von dem er träumt. Ich bin mir weiterhin sicher, dass dies keine Frage der Intelligenz ist und dass man keine besonderen Beziehungen dazu benötigt. Alles, was man braucht, trägt jeder Mensch bereits in sich. Und alles beginnt damit, dass man selbst den ersten Schritt macht. Ich wünsche mir, dass dieses Buch für dich dieser erste Schritt ist! Ich fordere dich auf: Erfülle dir deine Träume. Egal, wo du heute stehst. Mach aus deinem Leben ein Meisterwerk! Und vergiss dabei nie: Du hast nur das eine.

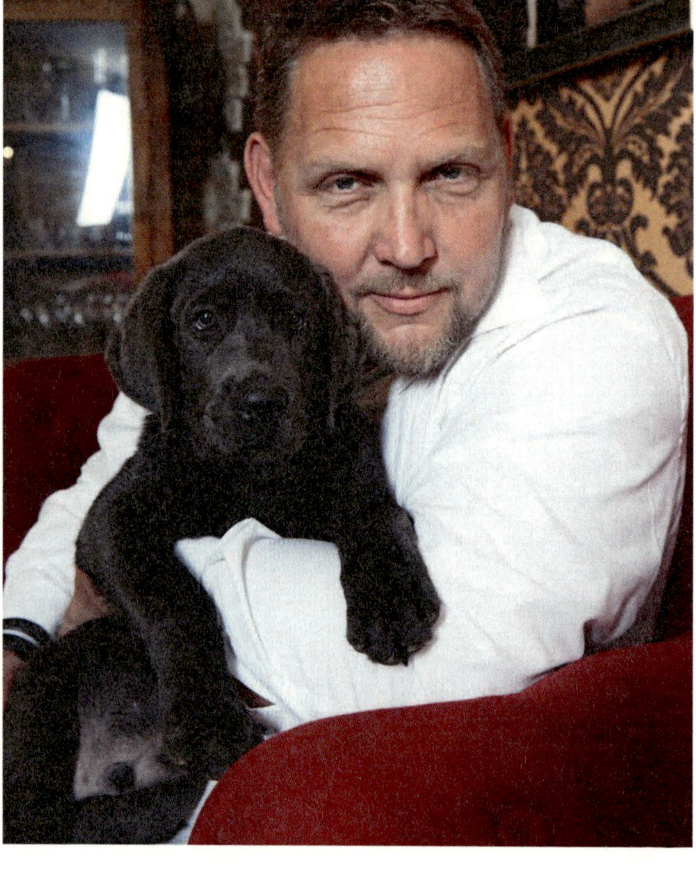

Was hat das alles mit Hunden zu tun?

Was hat dieses Buch mit Hunden zu tun? Nichts. Wirklich nicht?

Wenn ein Hundetrainer ein Buch schreibt, erwartet man in der Regel, dass es ein Buch über Hunde ist. Noch dazu, wenn er bereits ein Werk über Hunde verfasst hat. Und tatsächlich, ich habe schon oft überlegt, ob ich eine Fortsetzung zu meinem Buch „Hunde verdienen bessere Menschen" schreiben sollte.

Aber ich bin ja nicht nur Hundetrainer. Ich bin auch noch Mensch, Mann, Ehemann, Vater, Freund, Sohn, Bruder, Reisender, Unternehmer ...

Bei vielen Hundetrainern hört der Horizont bei der Rute des Hundes auf. Aber bei mir ist das definitiv anders.

Daher: „My Way" ist kein Hundebuch! Denn ich glaube, dass ich in „Hunde verdienen bessere Menschen" bereits alles wirklich Wichtige zu diesem Thema geschrieben habe. Und wem das nicht reicht, der kann sich im Buchladen dazu die volle Breitseite geben lassen.

Erstaunlich nur, dass bei so viel Literatur zum Thema Hund die Probleme, vor allem im Familienhundebereich, immer größer werden. Sind die Bücher alle so schlecht? Oder liest man aufgrund der Masse an Büchern selten das richtige? Ich habe dazu meine eigene Theorie. Ich habe einen Verdacht. Und zwar glaube ich, dass vielleicht die meisten Probleme in der Mensch-Hund-Beziehung gar nichts mit dem Vierbeiner zu tun haben! Folglich kann auch kein Hundebuch helfen. Woran liegt es dann? Ich sage es dir: an dem Zweibeiner am anderen Ende der Leine!

Und sollte ich mit meinem Verdacht recht haben, ist mein neues Buch vielleicht doch indirekt ein Hundebuch. Sozusagen ein Hundebuch, in dem es nicht um Hunde geht, sondern um Menschen und ihre Art zu leben.

Daher glaube ich – und ich glaube es nicht nur, sondern ich bin zu 100 Prozent davon überzeugt –, dass dieses Buch, das du gerade in den Händen hältst, auch die Beziehung zwischen Mensch und Hund verbessern kann. Dazu muss man aber zuerst einmal beginnen, man muss offen sein für Neues und offen für Veränderung.

Wie es so treffend heißt: Ändere dich und das Umfeld deines Hundes, so ändert sich dein Hund.

In diesem Sinne: Viel Spaß mit „My Way"!

TEIL I

MY LIFE TODAY

Bitte, lieber Leser, liebe Leserin, lass dir eines vorab sagen. Wenn ich dir von meinem Leben erzähle, mache ich das nicht, um anzugeben. Na ja, höchstens ein ganz kleines bisschen. In erster Linie möchte ich, dass du beginnst nachzudenken. Nachzudenken über dich und dein Leben. Ich möchte, dass du dir diese Fragen stellst: Habe ich aus meinem Leben das gemacht, was ich mir als Kind gewünscht habe? Führe ich die Beziehung, die ich mir immer vorgestellt habe, bin ich mit meinem absoluten Traumpartner zusammen? Führe ich mit meinen Kindern die Beziehung, die ich mir selbst als Kind immer mit meinen Eltern gewünscht habe? Arbeite ich in meinem Traumjob? Tue ich aktiv etwas für andere Menschen? Fahre ich mein Traumauto? Mache ich so viel Urlaub und an den Orten, wie ich möchte? Wohne ich so, wie ich es mir immer vorgestellt habe? Verdiene ich so viel Geld, wie ich es mir wünsche? Wie sieht es spirituell mit mir aus? Habe ich eine erfüllte Beziehung zu Gott? Erfülle ich mir meine kleinen und großen Träume? Bin ich innerlich aufgeräumt oder voller Hass und Zweifel?

Du findest, das sind reichlich viele Fragen? Gut, dann formuliere ich es anders, in einer einzigen Frage: Bist du glücklich?

Sei ehrlich zu dir selbst. Bist du glücklich, weil du jede einzelne meiner Fragen aus tiefem Herzen mit Ja beantworten kannst – oder bist du glücklich, weil du gelernt hast, deine Träume der Realität anzupassen? Das ist nämlich dann gespieltes Glück. Und leider ist die Welt voller „Pseudoglücklicher". Wären all die Menschen, die von sich behaupten, glücklich zu sein, wirklich glücklich, würden sie sich anders verhalten. Glück zieht nicht ständig ein böses Gesicht. Glück redet nicht schlecht über andere. Glück hetzt nicht gegen Schwächere und Glück kennt keinen Neid!

Der Dalai Lama hat einmal gesagt: „Der Sinn des Lebens ist es, glücklich zu sein."

Und damit hat er sehr, sehr recht. Alles andere wäre aus meiner Sicht auch nicht nachvollziehbar. Wenn ich nur eine begrenzte Zeit hier auf dieser Erde zu Gast bin, sollte ich diese Zeit dann nicht genießen? Sollte ich dann nicht glücklich sein und das tun, wonach mir ist? Warum gibt es so viele frustrierte Menschen? Ganz einfach. Weil die meisten Menschen, vor allem die Erwachsenen, vergessen haben, warum sie überhaupt auf dieser Erde sind!

Wie sieht denn der Alltag eines Durchschnittserwachsenen aus? Er steht früh auf und ist schon schlecht gelaunt. Es gibt sogar eigens ein Wort dafür: Morgenmuffel. Warum ist das so? Wahrscheinlich, weil er nicht aufstehen wollte, sondern musste. Oder weil er es mit sich selbst nicht aushält. Dann, „stinkig" mit sich selbst und seiner Umwelt, absolviert er

Bad und Küche. Er verlässt seine Wohnung und steigt in sein vernünftiges und günstiges Auto. Er fährt zur Arbeit, einem vernünftigen und sicheren Job. Dieser langweilt ihn zwar, aber das kennt er ja bereits vom Rest seines Lebens. Nach der Arbeit fährt er heim, wälzt die Prospekte nach Sonderangeboten und fährt extra zehn Kilometer weiter zum nächsten Supermarkt, um beim Kaffeekauf neun Cent zu sparen. Den Abend verbringt er ab 19 Uhr vorm Fernseher, schweigend neben seiner Gattin. Am meisten freut er sich schon jetzt auf den Sommer, da geht es wieder zwei Wochen ans Meer. Toll, oder? Letztens hat er mal in einer Zeitschrift einen Test gesehen und auch gleich ausgefüllt. Der Titel: „Wie glücklich bin ich?" Und was bei dem Test herausgekommen ist? 5 von 10 Punkten, Mittelmaß! Geht schon!

Mittelmaß? Geht schon? Mann, das ist doch furchtbar! Soll das ewig so weitergehen? Das kann doch nicht dein Ernst sein! Glaubst du, du bist auf dieser Welt, um Mittelmaß zu sein? Was wäre denn unsere Welt heute, wenn es nur Mittelmaß-Menschen gegeben hätte und geben würde? Was wäre eine Welt ohne Albert Einstein, Nelson Mandela, Franz Beckenbauer, Steffi Graf, Winnetou, Richard Branson, Michail Gorbatschow, Mutter Teresa, Helmut Kohl, Thomas Gottschalk, Herbert Grönemeyer, Marie Curie, Martin Luther King, Jesus und Martin Rütter? Okay, ohne Rütter wäre sie nicht schlechter. Aber ich hoffe, du verstehst trotzdem, was ich meine?

Mittelmaß kann einen nicht befriedigen und gleich gar nicht glücklich machen!

Ich bin überzeugt, dass das alles sehr viel mit unserem Selbstwertgefühl zu tun hat. Die Frage lautet also: Was bin ich mir selbst wert? Was erwarte ich von meinem Leben? Wie will ich die Welt mitgestalten? Und wem es schwerfällt, diese Fragen zu beantworten, der kann sie einfach umformulieren: Was ist mir mein Partner, meine Partnerin wert? Welche Erwartungen hat er oder sie vom Leben? Oder: Was sind mir meine Kinder wert? Welche Erwartungen haben sie von ihrem Leben? Viele Menschen, die es sich selbst nicht wert sind, merken den Wahnsinn am besten, wenn sie die Fragen umformulieren.

Ich möchte, dass du gleich dieses Buch beiseitelegst, dich vor einen Spiegel stellst, dir in die Augen schaust und folgende Sätze zu dir selbst sagst: Ich liebe mich! Ich bin stolz auf mich! Ich bin das Beste wert. Ich kann mir jeden Traum erfüllen. Ich kann die Welt zu einem besseren Ort machen. Ich bin der/die Größte!

Und? Wie war es? Kamst du dir doof vor? Hast du mittendrin abgebrochen? Oder es gar nicht erst gemacht? Glaube mir, wenn es dir schwerfällt, diese Worte zu dir selbst zu sagen, dann hat das etwas mit deinem

Selbstwertgefühl zu tun. Hast du dich schon einmal gefragt, warum das so ist? Warum haben Menschen ein so unterschiedlich ausgeprägtes Selbstwertgefühl? Glaubst du, dass das Zufall ist? Ich kann dir versichern, dass es kein Zufall ist. So gut wie nichts ist Zufall! Aber es hat mit Sicherheit viel mit unserer Kindheit zu tun. Mit dem, was man erlebt hat.

Doch heute bist du erwachsen und auf eine schlechte, schwere, unschöne oder unperfekte Kindheit zu verweisen ist nur eine Ausrede und Selbstbetrug. Wenn du hier und heute feststellst, dass es mit deinem Selbstwertgefühl nicht weit her ist, dann fasse jetzt, in diesem Moment, den festen Entschluss: Ich will und werde das ändern!

Dies ist der berühmte erste Schritt! Doch eins nach dem anderen. Ich möchte zuerst den Wunsch in dir schüren, ab sofort kein Leben mehr zu führen, das du nicht führen willst. Ich möchte, dass es dich selbst stört, dass du dich mit wenig für dich selbst und für deine Familie zufriedengibst, in ideeller und materieller Hinsicht. Ich möchte, dass du deine Möglichkeiten ausschöpfst, um diese Welt ein klein wenig besser zu machen, für dich und für andere. Ich möchte, dass du aus voller Überzeugung sagen kannst: Ich bin glücklich! Doch was ist Glück?

Wenn man von Glück spricht oder davon, glücklich zu sein, dann kann nur von ganzheitlichem Glück die Rede sein. Also von Glück in allen Lebensbereichen. Was nützt dir

Glück im Berufsleben, wenn deine Beziehung die Hölle ist? Was nützt dir eine tolle Beziehung, wenn sie dadurch belastet wird, dass ihr euch nie etwas leisten könnt? Was nützt dir alles Geld der Welt, wenn du es auf Kosten anderer erhalten hast? Ich möchte dir an meinem Beispiel zeigen, was ganzheitliches Glück sein kann, was es für mich ist.

Beginnen wir mit der Beziehung, die für mich an erster Stelle steht, mit der wichtigsten, die ich habe. Mit der wichtigsten Beziehung, die jeder Mensch hat: mit der Beziehung zu sich selbst. Glaubst du das nicht? Denkst du nicht, dass die wichtigste Beziehung, die ein Mensch hat, die Beziehung zu sich selbst ist? Lass es mich dir erklären. Vor einigen Jahren, 2004, um genau zu sein, erschien ein sehr gutes Buch, von Eva-Maria Zurhorst, mit dem wunderbaren Titel „Liebe dich selbst und es ist egal, wen du heiratest". Über diese Aussage könnte man durchaus streiten, aber der Kern dieser Aussage ist zu 100 Prozent wahr. Denn wenn ich mit mir selbst nicht im Reinen bin, bringe ich alle meine ungelösten Probleme mit in die Beziehung. Und dies nicht nur in die Ehe, sondern in alle Beziehungen. In die zu meinen Kindern, zu meinen Eltern, zu Freunden und ganz besonders zu meinem Hund. Die Aussage, dass bei einer Hochzeit aus zwei halben Herzen ein ganzes wird, kannst du getrost in das Reich der Märchen und

Sagen verbannen. Wie viele Menschen gehen in Beziehungen, vor allem die Ehe, und erwarten bewusst oder unbewusst, dass der Partner ihre seelischen Probleme löst? Und wenn der Partner dies nicht schafft, wird er mit Vorwürfen bombardiert. Aber der Partner hat gar keine Chance, er kann nicht helfen, denn er kann nicht die Probleme des anderen lösen. Niemand anderes kann das, und am allerwenigsten das Haustier, zum Beispiel der Hund.

Die einzige Person, die das kann, ist man selbst! Deshalb ist die Beziehung zu sich selbst die wichtigste überhaupt. Und natürlich hat das wiederum etwas mit dem Selbstwertgefühl zu tun.

Als ich im Jahr 2004 die Entscheidung traf, mich scheiden zu lassen, war ich selbst voller Baustellen. Der ewige Streit in meiner Ehe, an dem ich genau zu 50 Prozent schuld war, hatte mich krank gemacht. Ich habe es mit mir selbst nicht mehr ausgehalten. Ich wusste zwar, dass ich mir eine tolle Ehe wünschte und dazu noch Kinder, aber ich war überhaupt nicht in der Lage dazu. Heute sieht das anders aus. Ich bin mit mir selbst im Reinen. Ich liebe es, Zeit mit meiner Frau zu verbringen, und ich genieße jeden Moment mit meinen Kindern. Aber genauso genieße ich die Zeit mit mir selbst. Ich lobe mich oft und verbringe gerne Zeit mit mir. Kommt dir das befremdlich vor? Aber wenn du selbst nicht gerne Zeit mit dir verbringst, wie kannst du erwarten, dass andere Menschen gern Zeit mit dir verbringen?

Ich liebe es, ab und zu für ein oder zwei Stunden allein daheim zu sein. Ich mache mir eine Tasse Kaffee, setze mich in meinen Lieblingssessel, nehme ein gutes Buch zur Hand und genieße. Oder ich laufe einfach durch den Wald und lasse meine Seele baumeln und meine Gedanken kreisen. In diesen Momenten wird mir immer am meisten bewusst, wie glücklich ich bin.

Wenn ich allein bin, empfinde ich sofort eine große innere Ruhe. Ich träume, blicke zurück, motiviere mich und mache Pläne. Oft denke ich auch darüber nach, was ich meiner Familie Gutes tun kann oder welche geschäftlichen Ziele ich als Nächstes anstreben möchte.

Ich brauche diese Zeit mit mir allein. Und ich bin froh und stolz auf mich, darauf, dass ich der Mensch bin, der ich bin. Dabei bleibe ich stets selbstkritisch, gehe aber nie unfair mit mir um, sondern suche Wege, um besser zu werden und Fehler zu beseitigen.

Die zweitwichtigste Beziehung in meinem Leben ist die zu meiner Frau. Sie ist der unglaublichste Mensch, den ich jemals kennenlernen durfte. Wenn sie einen Raum betritt, ist es für mich, als wenn alles von Sonne durchflutet wird. In wenigen Sekunden zieht sie alle Menschen in ihren Bann. Meine Frau kann arbeiten wie ein Pferd. Sie ist eine liebevolle und fürsorgliche Mutter mit einer großen Wärme und Herzlichkeit. Sie sieht umwerfend aus, auch nach der

Geburt unserer drei Kinder. Sie ist witzig, charmant und sehr stilvoll. Meine Frau könnte auf jeden Luxus verzichten, aber sie kann auch gut damit leben und ihn ab und an genießen. Meine Frau hat ein großes Herz für Menschen und Tiere, denen es nicht so gut geht. Sie hat immer ein offenes Ohr. Ich kann mit ihr streiten, diskutieren und im nächsten Moment wieder völlig normal sein. Meine Frau ist mein größter Kritiker und holt mich notfalls auch mal auf den Boden der Tatsachen zurück. Sie ist unglaublich ehrlich. Und: Sie mag sich selbst!

Ich muss dir etwas gestehen: Genau diese Frau habe ich gesucht! Sie ist meine personifizierte Traumfrau. Ich liebe sie und danke Gott jede Sekunde, dass es sie gibt und dass sie die Frau an meiner Seite ist.

Wenn man mit sich selbst im Reinen ist und verheiratet mit dem Traumpartner, entsteht vielleicht irgendwann der Wunsch nach Kindern. Ich hatte immer den Traum, eines Tages eigene Kinder zu haben. Lange Zeit war das ein unrealistischer Traum. Doch wie es so heißt: Gut Ding braucht Weile! Siebenunddreißig Jahre musste ich werden, bis ich einen der ergreifendsten Momente meines Lebens erfahren durfte: die Geburt meines ersten Kindes, meiner wunderbaren Tochter Holly. Wenn man sich etwas ganz besonders wünscht und dieser Wunsch nach sehr langer Zeit in Erfüllung geht, löst dieser Moment oft sehr starke

Emotionen aus. So war es auch bei mir. Ich konnte mein Glück beinahe nicht fassen. Zuerst diese wunderbare Frau, meine Frau. Und dann meine Tochter. Ich liebe sie und bewundere sie seit ihrer Geburt jeden Tag aufs Neue. Sie ist ein Geschenk Gottes und ein persönlicher Auftrag Gottes an mich und meine Frau. Denn mit einem Kind bekommen wir auch eine Aufgabe, wahrscheinlich die wichtigste unseres Lebens: die Erziehung unserer Kinder. Wir sind es, die den Grundstein für das Leben unserer Kinder legen. Wir tragen die Verantwortung dafür, in welche Richtung ihre Entwicklung geht. Dabei geht es vor allem um unsere Vorbildfunktion. Ich möchte, dass mein Kind, meine Kinder, glücklich durchs Leben gehen, dass sie ihr Leben genießen können. Und dass durch sie, genau wie durch mich, die Welt ein klein wenig besser wird.

Dass ich diesen unbeschreiblichen Moment der Geburt noch zwei weitere Male erleben durfte, war ein großes Glück. Knapp zwei Jahre später kam mein Sohn Antonio zur Welt und weitere drei Jahre später meine kleine Ruby. Während Ruby mich in ihrer willensstarken Art sehr an Holly erinnert, ist mein Sohn anders. Eben ein Junge. Auf der einen Seite ist er weicher und sensibler, auf der anderen Seite voller Tatendrang, alles, aber auch alles auszuprobieren.

Meine drei Kinder sind das größte Geschenk, das ich je bekommen habe, meine Liebe zu ihnen könnte nicht größer sein. Ich investiere mich täglich in sie. Ich liebe es, ihnen

meine Sicht auf die Welt zu erklären und ihnen dabei zu helfen, ihre eigene und ganz persönliche Sicht zu finden.
Alle drei haben ihre eigenen Talente und besonderen Fähigkeiten. So wie jedes Kind. Unsere Aufgabe als Eltern ist es, diese zu entdecken und sanft zu fördern. Diese Aufgabe erfüllt mich mit Freude.

Mit meiner Traumfrau verheiratet und Vater dreier gesunder Kinder zu sein, ist Glück. Doch zu meinem ganzheitlichen und ganz persönlichen Glück gehört noch mehr.
Zum Beispiel meine Arbeit. Solange ich zurückdenken kann, war es immer mein Ziel, irgendwann selbstständig zu sein. Und das aus zwei Gründen: Erstens wollte ich das machen, wozu ich Lust habe, und zweitens wollte ich viel Geld verdienen. Beides möchte ich kurz erklären.
Ich wollte eine Arbeit, die mir Spaß macht, auf die ich Lust habe. Schon als Kind war mir klar, dass die Arbeitszeit im Leben eines Menschen einen sehr großen Teil ausmacht. Auch wenn ich glaube, dass ich eine zumindest für die Not relativ ausgeprägte Frustrationsakzeptanz besitze, so überstieg der Gedanke, jeden Tag aufs Neue acht oder mehr Stunden etwas zu tun, worauf ich keine Lust habe, doch meine Vorstellungskraft. Mir war klar, dass ein Mensch, der morgens aufsteht und weiß, dass ihn gleich eine Arbeitsstelle erwartet, die ihn nicht glücklich macht, niemals fröhlich in den Tag starten kann. Daher kam für mich nur die

Selbstständigkeit infrage. Schon mit siebzehn Jahren meldete ich, damals parallel zu meiner Lehre, mein erstes Gewerbe an.

Grund zwei ist, wie oben erwähnt, das liebe Geld. Viele Menschen reden ja nicht gerne über Geld. Manche denken, dass Geld den Charakter verdirbt. Einige finden es vielleicht sogar verwerflich, viel Geld zu verdienen. Meine Sicht sieht so aus: Da ich in meinem Leben viele Wünsche habe, brauche ich auch viel Geld, um die materiellen Wünsche zu erfüllen. Das ist doch logisch, oder? Ich möchte reisen, gut wohnen, ein schönes Auto fahren, Pferde und Hunde haben, ab und an gut essen gehen und mir und meiner Familie den einen oder anderen Wunsch erfüllen. Ich möchte meine Zukunft finanziell absichern, so wie die Ausbildung meiner Kinder, ihnen ein Startkapital bereitstellen können, sobald sie es brauchen. Ich möchte den Staat durch meine Steuern unterstützen. Und ich möchte Menschen helfen, die meine Hilfe brauchen. Also brauche ich Geld! Mit 1000 bis 2000 Euro im Monat komme ich da nicht weit.

Also: Selbstständigkeit! Aber womit?

Ich habe für mich eine Antwort gefunden, und meine Herangehensweise kann ich nur weiterempfehlen. Ich stellte mir vier Fragen:

Was kann ich gut?

Was macht mir Spaß?

Was kann in finanzieller Hinsicht funktionieren?
Was hat einen großen Nutzen für andere?

Ich bastelte einige Zeit an meinen Plänen herum, probierte manches aus und durch einen gesundheitlichen Schicksalsschlag im Jahre 1993 fiel es mir über Nacht wie Schuppen von den Augen: Ich gründe eine Blindenführhundschule! Drei Jahre später setzte ich das dann auch um. Und lebte fortan meinen Traum. Ich hatte große Visionen, ich hatte große Ziele. Auch wenn fast niemand an mich glaubte. Doch diese Menschen, die mich und mein Ziel belächelten, spornten mich umso mehr an. Das war wie bei einem Fußballspieler, den es motiviert, wenn die gegnerischen Fans pfeifen. Heute parke ich meinen Daimler gerne mal neben der „alten Möhre" bestimmter Leute. Ein verzeihlicher Zug, oder?

Mein eigenes Unternehmen bedeutet für mich: Ich kann meine Ideen umsetzen, meine Kreativität ausleben, mich selbst unter Beweis stellen. Ich brauche das, um glücklich zu sein. Und ich kann mit meiner Arbeit anderen Menschen, benachteiligten Menschen, etwas Gutes tun, indem ich meine Selbstständigkeit, meine Liebe zu Hunden und mein soziales Engagement verbinde – durch viel Fleiß und harte Arbeit verdiene ich damit auch noch gutes Geld.

Manche Menschen arbeiten so viel, dass sie dabei alles andere vergessen: sich selbst, ihren Partner und ihre Kinder. Kann das ein glückliches Leben sein? Mir wird das definitiv niemals passieren, denn auch wenn ich meine Arbeit und meine Firma liebe, so benötige ich, um Spitzenleistungen zu erbringen, doch die eine oder andere Auszeit. Am besten in Form von Urlaub. Kennst du den Spruch von John D. Rockefeller: „Wer den ganzen Tag arbeitet, hat keine Zeit, Geld zu verdienen"?

Ein weiser Spruch. Sobald ich Urlaub mache, und ich mache öfter Urlaub, blende ich meine Arbeit aus. Mein Kopf, mein Körper und meine Seele brauchen das, auch und vor allem, um hinterher auf Arbeit wieder Höchstleistungen vollbringen zu können. Im vergangenen Jahr habe ich insgesamt acht Wochen Urlaub gemacht, und das auf drei verschiedenen Kontinenten. Sobald ich im Auto oder im Flugzeug sitze, beginnt in mir ein seelischer Reinigungsprozess. Es geht nur noch um mich selbst, um meine Frau und um meine Kinder. Wenn ich im Winter irgendwo am Meer liege und mich von der Sonne verwöhnen lasse, dann laden sich meine Akkus wieder auf. Ich genieße es, mit meinen Kindern herumzublödeln. Mich am Abend gut anzuziehen und mit meiner wunderschönen Frau in einem guten Restaurant zu essen, ist dann die Krönung des Tages.

Auch wenn es mir nicht leichtfällt, so finde ich es wichtig, ab und an etwas ohne die Kinder zu unternehmen. Nur meine Frau und ich. So sind wir beide schon gemeinsam für einige Tage nach Dallas geflogen. Wir haben uns dort ein Cabrio ausgeliehen, ein tolles Hotel gebucht und uns die Stadt angesehen. Wir waren richtig gut und teuer essen, wir haben uns Stockyards angeschaut und die Southfork Ranch besucht. Natürlich sind wir dort auch ausgeritten. Wir haben diese Tage genossen und sie werden für immer in unserer Erinnerung sein. Und dank WhatsApp konnten wir auch jederzeit unsere Kinder sehen und hören. Als wir im Cabrio durch Dallas fuhren, ich meiner Frau in die Augen schaute und dieses Funkeln darin sah, war ich unendlich froh, dass wir uns dieses Erlebnis finanziell ermöglichen konnten. Und das ohne erst ewig zu sparen oder lange darüber nachzudenken. Das zeigt doch, wie gut es ist, etwas mehr Geld zu verdienen. Dann ist auch ab und an ein Kurztrip in ein schönes Luxushotel drin, nur für ein oder zwei Nächte. Ausschlafen, gut frühstücken, einfach einmal in den Tag hinein leben, sich bei einer Massage verwöhnen lassen und am Abend Händchen haltend im Restaurant sitzen. Für die Zukunft haben wir in puncto Reisen und Urlaub noch viele Träume. Sobald die Kinder ein paar Jahre älter sind, geht es richtig los. Wir wollen ihnen die ganze Welt zeigen. Und uns gemeinsam immer wieder auf unsere Heimat freuen.

Vielleicht bauen wir uns auch irgendwann unsere eigene Ranch in der Puszta auf. Mal sehen, was die Zeit bringt.

Einige Dinge machen aus einem schönen Leben ein wunderschönes Leben. Viele davon haben etwas mit Geld zu tun. Darüber kann man sich ärgern, man kann sich darüber aufregen, man kann es aber auch akzeptieren. Ich habe mich für Letzteres entschieden. Fast jeder kleine Junge zum Beispiel spielt gerne mit Autos. Wenn die Jungs größer werden, wächst oft auch der Wunsch, ein tolles Auto in Wirklichkeit zu fahren und zu besitzen. Das ist doch mehr als verständlich. Mir geht es auch so. Oder das Thema Lifestyle. Ich liebe den Western-Lifestyle. Und ich liebe Pferde. Da es meiner Frau genauso geht, haben wir uns entsprechend eingerichtet, ein Wohnzimmer mit Couch im Westernstil und überdimensionalem Ranchlogo an der Wand.

Einen ganz besonderen Platz in meinem Leben nehmen Hunde ein. Ich befürchte, dass Hunde derzeit zu den am meisten missverstanden Wesen auf dieser Erde gehören. Es ist ein Segen, sein Leben mit einem Hund teilen zu dürfen. Aber ich finde es verwerflich, wenn manche Menschen dabei vergessen, dass ihr Hund ein Tier und kein Mensch ist. Ein Hund hat seine eigenen Bedürfnisse und er hat seinen eigenen Stolz! Ganz sicher möchte er nicht verhätschelt werden, ein Mäntelchen tragen oder ein mit Totenköpfen oder Edelsteinen verziertes Halsband. Ein Hund ist ein Tier, er trägt in seinem Gang und in seinem Herzen den Stolz eines Wolfes. Wer das nicht verstehen und respektieren kann, sollte sich ein anderes Haustier halten. Ein Hund ist auch nicht dazu da, die psychischen Probleme seines Halters zu therapieren. Ich liebe es, mit Hunden zu leben und mit ihnen zu arbeiten, und ich behandle sie so, wie es ihrer Art entspricht. Und weil ich das tue, habe ich ein besonderes Verhältnis zu ihnen.

All diese Beziehungen und diese Dinge kann ich genießen, da mein Tun und Handeln in erster Linie von einer ganz bestimmten Frage geprägt ist: Was haben andere Menschen davon?
Dieser Satz ist die Grundlage meines Denkens, in jedem Bereich meines Lebens! Denkst du, dass ich ein großer Egoist bin? Das stimmt nicht. Natürlich bin ich mir selbst wichtig. Jeder sollte sich selbst wichtig sein und wichtig nehmen, ohne Selbstwertgefühl kommt man einfach nicht weit. Aber Selbstwertgefühl wird in der heutigen Zeit sehr schnell mit Egoismus verwechselt. Doch noch einmal: Wenn ich nicht darauf achte, dass es mir selbst gut geht, was kann ich dann wirklich für andere tun? Nur wenn es mir selbst gut geht, kann ich für andere Menschen da sein und ihnen etwas geben. „Was haben andere davon, dass es mich gibt?", fragt Karl Pilsl oft in seinen Vorträgen, die ich mir einige Male

angehört habe. Und dieser Satz hat sich in mein Unterbewusstsein eingeschliffen. Er prägt heute mein Denken in allen Bereichen. Der Output kann im Leben niemals höher sein als der Input. Das heißt, wenn es in irgendeinem Bereich in deinem Leben nicht so läuft, wie du es dir vorstellst, dann frage dich: Was investiere ich in diesem Bereich? Gebe ich wirklich alles? Gebe ich zumindest sehr viel? Oder gebe ich wenig und erwarte viel? Wie John F. Kennedy es formulierte: „Frage nicht, was dein Land für dich tun kann, sondern frage dich, was du für dein Land tun kannst!" Ein toller Ausspruch, der den Nagel auf den Kopf trifft. Ich möchte das an einigen Beispielen zeigen. Beginnen wir mit der Arbeit. Ich halte es nicht für sinnvoll, an eine Firmengründung mit dem Gedanken heranzugehen, wie man möglichst reich werden kann. Besser fragt man sich: Wie kann ich für andere einen großen Nutzen schaffen? Was wäre das ideale Produkt für meine Zielgruppe? Was wäre der perfekte Service? Wenn man diese Fragen richtig beantwortet, und dabei sollte man sich besonders viel Zeit lassen, wird man automatisch ein erfolgreicher Unternehmer. Und erfolgreiches Unternehmertum in Kombination mit der sinnvollen Investierung des Geldes bedeutet, dass man auch reich werden kann. Aber das ist nicht der erste Gedanke, nicht der Antrieb. Sondern an erster Stelle steht die Frage: Was haben andere davon, dass es mich gibt?

Ganz genauso ist es bei der Beziehung zwischen Mann und Frau. Du solltest dich immerzu fragen: Was kann ich für meinen Partner tun? Wie kann ich ihm eine Freude machen? Wie kann ich ihn überraschen und begeistern? Wenn du für deinen Partner immer ein besonderer Partner sein möchtest, dann musst du ihn begeistern. Denn alles andere setzt er voraus. Sonst wäre er nicht mit dir zusammen. Begeistern bedeutet, Dinge für ihn zu tun, mit denen er nicht rechnet. Wenn dir das gelingt, wirst du den Himmel auf Erden haben. Denn dein Partner wird dir das alles tausendfach zurückgeben. Wenn du aber immer erwartest, dass er zuerst etwas für dich tut, und nur auf seine Aktionen reagieren willst, dann wirst du vermutlich ewig warten.

Du kannst dieses Prinzip auf jeden Bereich deines Lebens anwenden. Mache du den ersten Schritt. Sei uneigennützig! Frage dich nicht ständig: Was habe ich davon? Sondern: Was haben die anderen davon? Wenn du es schaffst, so zu leben, ist das der sicherste Schritt zu einem in allen Bereichen glücklichen Leben. Sei du die Person, die das Eis bricht. Schenke du das erste Lächeln. Mache du den ersten Schritt, auch nach einem Streit. Und wenn es noch so schwer ist!

Wie du sicher bereits gemerkt hast, glaube ich. Ja, ich glaube an Gott und an die Liebe. Ich lebe meinen Glauben aber in erster Linie für mich, für mich und mit meiner Familie. Ich

brauche dazu nicht zwangsläufig eine Kirche und Glaubensbrüder sowie Glaubensschwestern. In meiner Jugend haben genau diese dafür gesorgt, dass ich mich von Gott und dem Glauben entfernt habe. Denn allzu oft habe ich erlebt, dass sich Menschen, die sich Christen nannten und unbedingt wollten, dass das auch alle wissen, sich im Kleinen und auch im Großen ganz anders benommen haben. Für mich stand als Jugendlicher ganz schnell fest: So bin ich nicht! Mit denen will ich nichts mehr zu tun haben!
Und so entfernte ich mich nicht nur von diesen Menschen und der Kirche, sondern auch von Gott. Ich tat mit zunehmender Intensität Dinge, die ich heute nicht mehr gutheißen kann. An Gott glaubte ich zwar weiter, aber ich befand mich mit ihm sozusagen im Clinch. Ich machte ihn für alles, was in meinem Leben schieflief, verantwortlich, und das wurde immer mehr. Aber nicht nur dafür machte ich Gott verantwortlich, sondern für alles Leid dieser Welt. Also sprach ich immer weniger mit ihm, stellte jedes Beten ein. Doch zum Glück gab Gott mich nicht auf und schenkte mir viele kleine Lichter, die mich schlussendlich zurück zu ihm und meinem Glauben führten. Das größte dieser vielen kleinen Lichter war diese hübsche junge Frau, die irgendwann in mein Leben trat und mit der ich heute verheiratet bin. Für mein Leben ist es das größte Glück, an Gott und die Liebe zu glauben. Ich bin meinen Eltern dankbar, dass sie mich christlich erzogen haben. Denn ich

hatte nie in meinem Leben das Gefühl, allein zu sein. Da war immer jemand, der mir beistand, dem ich meine Probleme und Sorgen erzählen konnte. Dieses Gefühl ist einfach unbezahlbar. Ich versuche nun, es auch meinen Kindern mit auf den Weg zu geben.

Die Frage, die ich mir immer wieder stellte, war: Wie lebe ich im Sinne Gottes? Es ist schwer, diese Frage zu beantworten, und ich habe irgendwann den Entschluss gefasst, nicht mehr darüber zu grübeln, sondern einfach so zu leben, wie es mir mein Herz und mein Verstand sagen. Und ich fühle mich sehr wohl dabei.

Nun kennst du mein persönliches Glück. Nun weißt du, wie ich lebe, wie ich das Leben sehe. Vielleicht denkst du jetzt, der hat leicht reden, der hat ein Glück, wenn man oben ist, lässt sich viel erzählen. Doch da muss ich dir widersprechen! Ich glaube zwar an das Glück, aber nicht daran, dass es einem zufällig in den Schoß fällt. Ein kluger Kopf hat einmal gesagt: „Je härter ich arbeite, umso mehr Glück habe ich!" Genauso ist es.

Und du kannst mir glauben: Mein Leben war nicht immer so...

Anja und ihr Vater bei unserer Countryparty anlässlich Anja´s 30. Gebutrtstags

Gute Stimmung beim Kauf unseres Traumautos

Mit Antonio am Strand in Dänemark

Auf den Straßen von Ciutadella

Im legendären Stockyards kommt echtes Westernfeeling auf

Anja im Zentrum von Dallas

Ein langgehegter Traum wurde wahr. Gemeinsam auf der Southfork Ranch.

*Anja im Riscky´s
Restaurant (oben)
und auf Southfork
(unten)*

Im Cabrio den Abend in Texas genießen

Anja und Holly genießen die Abendsonne auf Menorca

Arbeit und Erholung verbinden. Ein paar Tage an der Ostsee.

Das erste Mal gemeinsam unterwegs. 2006 zur Fußball-WM in der Commerzbankarena Frankfurt a.M. beim Spiel England gegen Paraguay.

Mit Ruby auf Menorca

Ruby, unsere 5. Hibiskusblüte

Ruby´s Taufe

Mit meinem Vater und Antonio in Side (Türkei)

Holly und Antonio an ihrem absoluten Lieblingsort, in Pullman City

Anja und Chief

Antonio und FCE-Torwartlegende Martin Männel

Gruppenbild mit dem FCE beim Trainingslager in der Türkei – Foto PICTURE POINT Sven Sonntag

Unsere zweite Heimat – die ungarische Puszta

MY LIFE YESTERDEAY

Mein Leben war nicht immer so, nein, das war es ganz bestimmt nicht. Und mir liegt sehr viel daran, dir, lieber Leser, zu erzählen, wie weit ich oft in meinem Leben von dem, was es heute ist, entfernt war. Und das in jeder Hinsicht, in jedem Bereich. Außer vielleicht in einem. Ich hatte immer meine Träume. Meine Träume, meine Wünsche und Ziele. Egal, wie viel Mist ich erlebt habe. Egal, wie weit unten ich war. Ich wusste immer ganz tief in mir drinnen eines: Irgendwann werde ich meine Träume erreichen und ein rundherum glücklicher Mensch sein.

In meiner Kindheit hatte ich nicht wirklich etwas auszustehen. Ich war immer behütet, vielleicht manchmal sogar etwas zu sehr. Doch eines bereitete mir bereits früh einiges an Kopfzerbrechen. Und das waren meine schulischen Leistungen. Nicht dass ich ein extrem schlechter Schüler war, bis zur 7. Klasse hatte ich einen Notendurchschnitt von 2,0, der sich dann bis zur 10. Klasse auf 2,5 verschlechterte. Aber ich hatte einen großen Bruder. Und dieser große Bruder war um einiges besser. Und er war nicht nur um einiges besser hinsichtlich seiner schulischen Leistungen. Nein, er war auch fleißiger, ordentlicher, höflicher und damit auch überall beliebter als ich. Er war der „Gute", ich war der „Verlierer". Der, bei dem es nicht ganz reicht. Der, bei dem immer das letzte bisschen fehlt. Nicht dass mir das meine Eltern so deutlich gesagt hätten, aber als Kind hat man ein sehr gutes und feines Gespür dafür. Auch die Lehrer in der Schule, die zum Teil vor mir meinen Bruder unterrichteten, ließen mich durch viele kleine Kommentare wissen, dass ich nur 2. Wahl bin. Und sehr oft hörte ich den Satz: Was soll nur einmal aus dir werden? Diese Erlebnisse und Erfahrungen als Kind führten bei mir zu zwei Ergebnissen: Ich bildete ein wenig ausgeprägtes Selbstwertgefühl aus – und in mir entstand der Wille, dass ich es irgendwann allen zeigen würde.

Außerdem hatte ich als Kind zwei Persönlichkeiten. Daheim war ich locker und offen, ja fast vorlaut. Unter Gleichaltrigen jedoch war ich eher schüchtern und zurückhaltend. Das lag sicher daran, dass ich im Kleinkindalter kaum Kontakte zu Gleichaltrigen hatte. Einen Kindergarten besuchte ich nie. Ein Jahr vor der Einschulung musste ich einmal pro Woche in die Vorschule. Das war Horror, ich fühlte mich dort nicht wohl und als Außenseiter. Genauso war es in der Schule. Da ich mich nachmittags kaum mit anderen traf, hatte ich keine richtigen Freunde, und so änderte sich an meiner Situation lange Zeit kaum etwas. Erst als ich älter wurde und mich zu den Rowdys der Schule immer mehr hingezogen fühlte, wurde das allmählich anders. Aber da die Freunde, die ich nun hatte, auch Außenseiter und Verlierer waren, festigte sich in mir das Gefühl, ein Verlierer zu sein.

Was mir in meiner Kindheit besonders fehlte, war das Gefühl, dass jemand stolz auf mich ist. Und wenn niemand anders es ist, wie kann man es dann selbst sein?
Nachdem ich die 10. Klasse abgeschlossen hatte, erlernte ich den Beruf des Karosseriebauers. Eine mehr als dumme Entscheidung. Denn erstens fehlte mir die handwerkliche Begabung und zweitens die Lust. Meine Leistungen waren demzufolge genauso durchschnittlich wie mein gesamtes bisheriges Leben. Ich erinnere mich an einen Schweißlehrgang, den ich in meiner Ausbildungszeit machen musste und mit Ach und Krach bestand. Der Ausbilder konnte mich nicht leiden und ließ mich das jeden Tag spüren. Er nannte mich einen Versager und versicherte mir, dass aus mir nichts werden würde. „Ich sehe Sie als Hilfsarbeiter die Straße kehren", sagte er zu mir. Arschloch, dachte ich. Und: Auch dir werde ich es irgendwann zeigen.

Als logische Konsequenz meiner mittelmäßigen Leistungen und meiner negativen Einstellung fiel ich durch die praktische Prüfung und sollte diese ein Jahr später wiederholen. Da ich auf keinen Fall noch ein Jahr vergeuden wollte, beschloss ich, meinen Zivildienst zu absolvieren und parallel dazu in der Werkstatt zu arbeiten, um nach einem Jahr die Prüfung erneut zu absolvieren. Die nicht bestandene Prüfung wirkte sich auf mein Ego nicht gerade gut aus. Die

Arbeit als Zivildienstleistender im Pflegeheim hingegen machte richtig viel Spaß. Die alten Leute liebten mich und ich liebte sie. Endlich machte ich etwas, das mich erfüllte.

Bereits während meiner Lehrzeit machte ich mich das erste Mal selbstständig. Mit siebzehn Jahren! Alle rieten mir davon ab, aber ich dachte: Euch zeige ich es. Ich verkaufte Hundefutter, investierte meine kompletten Ersparnisse in Höhe von 4000 DM – und fuhr die Sache in wenigen Monaten gegen den Baum. Der nächste Dämpfer!

Inzwischen war ich zwanzig Jahre alt und das Gefühl, der größte Verlierer der Nation zu sein, bestimmte immer mehr mein Denken.
Dann, im Sommer 1993, merkte ich, dass mit mir etwas nicht stimmte. Ich hatte dauernd einen wahnsinnigen Durst und so gut wie keinen Appetit. Innerhalb kurzer Zeit nahm ich rasant ab und fühlte mich immer schlapper. Nachdem ich fast den ganzen Tag nur noch im Bett verbrachte, schleppte ich mich zum Arzt. Diagnose: Diabetes, Verdacht auf baldige Hyperglykämie. Sofort ab ins Krankenhaus. In diesem Moment brach alles über mir zusammen. Mir wurde gesagt, dass ich für den Rest meines Lebens täglich mehrfach Insulin spritzen muss. Das bedeutete, dass mein Leben nie wieder so sein würde, wie es einmal war.

Die ersten Tage nach der Diagnose, die ich im Krankenhaus verbrachte, waren einfach nur schlimm. Ich lag im Bett, starrte an die Decke und meine Gedanken kreisten. Vor mir lag ein riesiger Scherbenhaufen. Und dieser Scherbenhaufen war mein Leben. Ich war zwanzig Jahre alt, finanziell von meinen Eltern abhängig, hatte keine abgeschlossene Berufsausbildung und keinen Plan für meine Zukunft. Ständig erzählten mir die Ärzte, wie ich nun mit meiner Krankheit leben müsste und welche dramatischen Folgen es hätte, wenn ich mich nicht an bestimmte Vorgaben halten würde. Verzweifelt suchte ich nach einem Weg für mich. Zuerst dachte ich, ich pfeif auf all die Vorgaben der Ärzte und lebe einfach mein Leben so lange, wie es geht, wie gehabt weiter. Ich dachte, lieber noch fünf „normale" Jahre als ein Leben, das nur durch die Krankheit bestimmt ist! Doch durch all die Informationen, Berichte und Warnungen über die Folgeschäden von Diabetes, vor allem über eine mögliche spätere Erblindung, wurde in meinem Unterbewusstsein ein Samenkorn gepflanzt. Mein größtes Hobby waren schon sehr lange Hunde. Mit fünfzehn hatte ich meinen eigenen ersten Vierbeiner. Oft hatte ich in der Vergangenheit überlegt, ob ich nicht dieses Hobby irgendwie zu meinem Beruf machen könnte. Durch die Beschäftigung mit der Problematik des Erblindens, in Kombination mit meiner Liebe zu Hunden, entstand in dieser Zeit die Idee, Blindenführhunde auszubilden. Ich grübelte immer mehr darüber. Ich begann noch im Krankenhaus damit, einen Plan zu entwerfen, wie ich die Ausbildung von Blindenführhunden erlernen könnte. Und ich ging in Gedanken sogar einen Schritt weiter. Ich erstellte ein Geschäftskonzept für meine eigene Blindenführhundschule. Jeder, dem ich im Krankenhaus meine Idee erzählte, schüttelte den Kopf und meinte, das würde mit Sicherheit niemals etwas werden. Und ich konnte die Skepsis der Leute verstehen. Denn der junge Mann, der diese Idee hatte, war gerade schwer und für immer erkrankt, hatte außer einem Realschulabschluss nichts vorzuweisen, hatte kein Geld und letztlich noch nie wirklich etwas „gerissen". Und so passierte, was passieren musste: Ich legte den Gedanken vorerst ad acta. Als ich nach fast sieben Wochen das Krankenhaus verließ, war es mir gelungen, meine Krankheit anzunehmen. Sicherlich half mir dabei auch, dass ich im Krankenhaus eine junge Frau kennengelernt hatte. Sie sollte später meine erste Ehefrau werden.

In meinem Fokus stand nun ganz besonders die Frage: Was will ich aus meinem Leben machen? Solange ich zurückdenken kann, faszinierten mich immer bestimmte Menschen. Menschen, die ich einfach als „Macher" bezeichnen würde. Menschen, die in ihren Entscheidungen ihrem Herzen folgten. Menschen, die Unternehmen aufbauten. Menschen, die viel Geld verdienten. Menschen, die Schwächeren halfen. Menschen, die ein besonders glückliches Familienleben hatten. Menschen, die andere Menschen begeisterten!

In dieser Zeit meines Lebens wurde mir immer bewusster, dass ich auch so sein wollte. Und so wurde ich von Tag zu Tag unruhiger und unzufriedener. Ich hatte ein Ziel. Und nun musste ein Plan her, wie ich diesem Ziel näherkommen konnte. Die erste Entscheidung, die ich traf, war die, dass ich keine zweite Prüfung als Karosseriebauer ablegen würde. Auch nicht, obwohl mir alle dazu rieten. Aber mir war klar, dass ich aufgrund meiner Erkrankung niemals in diesem Beruf arbeiten könnte. Und ich wollte genau das ja sowieso nicht! Denn mein Herz sagte mir deutlicher denn je: Das ist nicht dein Weg! Das ist nicht deine Zukunft!

Schon eher meine Zukunft hätte die Arbeit mit alten Leuten werden können. Ich liebte meine Omis und Opis, und sie liebten mich. Der soziale Charakter dieser Arbeit stimmte. Was allerdings nicht stimmte, war mein inneres Gefühl. Hinsichtlich meiner „Macher"-Philosophie sah ich in der Tätigkeit als ungelernter Altenpfleger keinerlei Perspektive. Deshalb beschloss ich, mich nach Beendigung meiner Zivildienstzeit definitiv selbstständig zu machen. Nur womit? Ständig dachte ich darüber nach. Es waren nur noch wenige Wochen bis zum Ende meiner Arbeit im Pflegeheim. Ich bekam nachts kein Auge mehr zu. Ich grübelte, grübelte und grübelte. Der Druck aus meinem Umfeld war nicht gerade gering. Niemand konnte so richtig verstehen, für welchen Weg ich mich da entschied. Meine Gedanken kreisten immer wieder um das Thema Blindenführhund. Aber irgendwie fühlte ich mich noch nicht so weit, diese Sache anzupacken. Außer meiner Liebe zu Hunden hatte ich noch eine zweite und eine dritte Leidenschaft. Und zwar Musik und Schreiben. Die Zeit wurde knapp, und so entschied ich mich, einen kleinen Verlag und ein Veranstaltungsbüro zu gründen. Ich erstellte mir ein Geschäftskonzept und legte los. Das war nun meine zweite Selbstständigkeit. Wenn ich heute auf diese Zeit zurückblicke, stockt mir selbst der Atem. Natürlich lernte ich sehr viel. Ein großer Hammer war eben schon immer mein bester Lehrmeister. Ich arbeitete an den verschiedensten Projekten, vor allem veranstaltete ich Konzerte. Manchmal blieb an einem Abend etwas hängen, manchmal legte ich aber auch gehörig drauf. Ich kam finanziell auf keinen grünen Zweig. Wenn in dieser Zeit meine Eltern nicht gewesen wären, wäre ich schnell pleite gewesen. Auf jeden Fall kämpfte ich mich irgendwie immer weiter. In meinem Inneren fand ein seltsamer Prozess statt. Meine Ergebnisse sorgten nicht unbedingt dafür, dass meine Persönlichkeit wuchs. Dennoch tat sie es. Ich war unglaublich fokussiert auf meine Ziele. Als Jugendlicher hatte ich einmal einen Spruch des Tennisspielers Björn Borg gelesen: „Wer gewinnen will, muss auch wagen zu verlieren!"

Dieser Spruch wurde zu meiner Maxime. Ich beschäftigte mich immer mehr mit den Großen der Veranstaltungsbranche. Mir war klar, dass man bei kleinen Veranstaltungen im schlimmsten Fall nicht allzu viel Geld verlieren konnte. Aber mir war auch klar, dass man bei diesen Veranstaltungen nicht viel Geld gewinnen konnte. Also wuchs die Größe meiner Veranstaltungen und mit ihnen auch der Einsatz. Ende Juni 1996 sollte das Ganze vorerst seinen Höhepunkt erreichen. An diesem Abend ging es für mich um circa 20.000 DM. Für mich damals ein ungeheuerlicher Betrag. Eigentlich konnte nichts schiefgehen. Die Hauptband des Abends füllte in aller Regel problemlos Säle mit circa 1000 Leuten. Bereits bei 600 Leuten wäre ich null-null gewesen. Bei 1000 Leuten hätte ich circa 15.000 DM Gewinn gemacht. Ich war mir meiner Sache sicher! Und so schenkte ich im Vorfeld meiner damaligen Ehefrau zum Geburtstag eine Reise nach Ägypten. Diese Reise war als Entschädigung gedacht für all das, worauf sie in den letzten Jahren verzichten musste. Leider kam zu diesem Konzert alles anders. Denn genau an diesem Abend spielte die deutsche Fußballnationalmannschaft in der Europameisterschaft im Viertelfinale gegen England. Und so kamen nur knapp 150 Leute zu meinem Konzert. Mehr als 10.000 DM verlor ich an diesem Abend. Ich überzog alle meine Konten und brachte den Betrag gerade so auf. Ich war in jeder Hinsicht völlig am Ende. Als ich nachts allein von dem Veranstaltungsort nach Hause fuhr, hielt ich auf der Mitte der Strecke an. Für mich war eines klar: Das war definitiv meine letzte Veranstaltung! Es war gegen 3:30 Uhr, als ich mich mit einer Flasche Bier an den Straßenrand setzte. Ich trank die Flasche, obwohl ich Bier hasste, und rauchte jede Menge Zigaretten. Was nun? Wie sollte es weitergehen? Doch als ich da so saß und in den schwarzen Nachthimmel blickte, wurde ich immer ruhiger und gelassener. Irgendwie war ich sogar froh, dass die Sache damit ein Ende hatte. Inzwischen war ich vierundzwanzig Jahre alt, doch zu besonders viel hatte ich es noch nicht gebracht. In diesem Moment aber sagte mir eine innere Stimme, dass es nun an der Zeit wäre, eine Blindenführhundschule zu gründen. Als ich das dachte, breitete sich in mir ein Gefühl des Friedens aus. Dieser innere Frieden hielt leider nur an, bis ich meiner damaligen Ehefrau und anderen Leuten von meinem Entschluss erzählte.

Einige Tage später lag ich, pleite, am Strand in Ägypten. Ich gebe zu, ein seltsames Gefühl! Bei diesem Urlaub nahm mein neues Vorhaben in Gedanken Gestalt an. Aus dem Urlaub zurück, ging ich Anfang August 1996 zum Gewerbeamt, meldete mein altes Gewerbe ab und ein neues Gewerbe an.

Um finanziell über die Runden zu kommen, fuhr ich jede Nacht für das Unternehmen meines Vaters Kurierdienst. Ich schlief maximal vier Stunden, doch die Doppelbelastung störte mich nicht. Denn ich war mehr als je zuvor ausgerichtet auf mein Ziel! Und dieses Ziel war ganz klar: In einem Jahr bin ich schuldenfrei. In fünf Jahren habe ich mein eigenes Haus und Gelände. In zehn Jahren gehört meine Schule zu den größten, erfolgreichsten und bekanntesten in Deutschland.

In meinem Inneren fand in diesen Jahren ein permanenter Kampf statt. Ich kann nicht gerade behaupten, dass ich in dieser Zeit besonders ausgeglichen gewesen wäre. Ich hatte das Gefühl, meilenweit von meinen Zielen entfernt zu sein. Ich war unzufrieden mit meiner Persönlichkeit. Und zu diesem ständigen Unwohlsein trug auch in einem besonderen Maße meine erste Ehe bei. Ich denke, jeder Mensch hat wohl so seine Vorstellungen davon, wie seine Ehe sein sollte. Leider gab es zwischen meiner Vorstellung und der Vorstellung meiner ersten Ehefrau kaum Übereinstimmungen. Letztlich glaube ich, dass wir uns gegenseitig geschadet haben. Unsere Beziehung hielt dennoch fast zwölf Jahre. Zehn Jahre davon waren wir verheiratet. Ich wusste, dass ich in dieser Beziehung niemals wirklich glücklich werden würde. Und es war mir klar, dass ich, wenn ich jemals Vater werden wollte, um eine Trennung nicht herumkäme. Es fiel mir schwer, diesen Schritt zu gehen, aber heute bin ich froh, dass ich die Kraft dazu gefunden habe.

Nach meiner Trennung bekam ich viele gute Ratschläge. In einem waren sich alle einig: Es wäre gut, erst einmal eine Zeit lang allein zu bleiben. Aber das sah ich ganz anders. Ich verliebte mich Hals über Kopf in eine junge Frau. Und ich glaubte, dass nun endlich alles gut werden würde. Aber leider war das ein Irrtum. Und so saß ich im Februar 2006 allein in meinem schönen Haus. Inzwischen war ich dreiunddreißig Jahre alt und hinsichtlich meines Traumes in puncto Beziehung und Kinder beim absoluten Nullpunkt angelangt. Es folgten die drei chaotischsten Monate meines Lebens.

Schnell merkte ich, dass ich nun wohl einer der begehrtesten Junggesellen im ganzen Erzgebirge war. Noch nie zuvor hatte ich in so kurzer Zeit so viele eindeutige und zweideutige Angebote bekommen. Zuerst fand ich das durchaus nicht übel, es wäre nicht ehrlich, wenn ich heute behaupten würde, dass ich diese Zeit nicht auch irgendwie genoss. Aber mir ging es ja nicht darum, mich als Mann auszutoben, sondern darum, endlich meine Traumfrau zu finden. Meine Seelenwelt lag absolut brach. Meine Gefühlswelt war völlig zerstört. Ich wusste zu diesem Zeitpunkt auch nicht mehr, was Liebe ist und wie ich herausfinden sollte, ob ich eine Frau liebte oder nicht. Manchmal dachte ich, vielleicht würde das Gefühl der Liebe noch kommen, wenn ich öfter mit einer Frau ausging. Aber es kam nicht! In dieser Zeit, und dafür schäme ich mich aufrichtig, habe ich einige Frauen sehr verletzt. Doch ich kann nur sagen, dass ich das nicht mit Absicht getan habe. Ich war einfach nur innerlich zerstört und auf der Suche nach der Frau meines Lebens. Glücklicherweise endete diese verrückte Zeit im Mai 2006.

Meine Firma hatte ich in diesen Monaten etwas vernachlässigt. Aber das allein wäre kein Problem gewesen. Wir hatten wie immer reichlich Aufträge für die Ausbildung von Blindenführhunden. Das große Problem war, dass unser Hauptauftraggeber, die AOK Sachsen, plötzlich keine Genehmigungen mehr für Blindenführhunde ausstellte. Eine kurze Zeit hätte unsere Firma das gut verkraften können, aber ein halbes oder gar Dreivierteljahr nicht. Dummerweise forderte genau in dieser Zeit das Finanzamt eine größere Nachzahlung von mir. Und so war ich zwar zum ersten Mal persönlich sehr, sehr glücklich, aber dafür kämpfte ich um das Überleben meines Unternehmens. Ich bin heute wahnsinnig stolz darauf, dass ich diesen Kampf gemeinsam mit meiner Frau Anja gewonnen habe.

Lieber Leser, das alles klingt nicht wirklich nach besonders viel Glück, nicht wahr? In vielerlei Hinsicht gleicht unser Leben einem Kampf. Du kannst den Kampf annehmen, du kannst dich verstecken oder du kannst weglaufen. Über eines solltest du dir allerdings im Klaren sein. Wenn du gewinnen möchtest, wenn du ein richtiger Gewinner sein willst, dann musst du den Kampf aufnehmen! Es gibt ein schönes Zitat von Albert Einstein: „Wenn du einst auf dein Leben zurückblicken wirst, dann werden dir die Momente, an denen du am meisten gekämpft hast, als die schönsten vorkommen." Mit jedem noch so kleinen Erfolg, den du auf deinem Weg erreichst, wirst du stärker, deine Visionen wachsen und du beginnst immer intensiver zu träumen. Lebe diese Träume! So wie ich es auch weiter vorhabe, in meiner Zukunft ...

MY LIFE TOMORROW

Ich möchte dir nun etwas über meine Visionen und Träume für meine ganz persönliche Zukunft erzählen. Vielleicht gelingt es mir ja, damit auch in dir den Träumer, die Träumerin zu wecken.

Doch zuvor möchte ich mit dir über den Tod sprechen. Steve Jobs sagte einmal: „Jeden Morgen wenn du aufstehst, solltest du dich, wenn du in deinen Terminkalender für den heutigen Tag schaust, fragen, ob, wenn du wüsstest, dass dies dein letzter Tag ist, du ihn genauso, wie er geplant ist, verbringen würdest. Und wenn du diese Frage an mehreren aufeinanderfolgenden Tagen verneinen musst, so solltest du dich weiter fragen, ob du im Kurs deines Leben noch richtig unterwegs bist oder ob du vielleicht einige Korrekturen vornehmen musst."

Eine tolle Aussage mit einer tiefen Wahrheit! Denn allzu oft leben wir doch, als hätten wir eine unbegrenzte Menge an Lebensjahren zur Verfügung. Doch nichts auf dieser Welt ist so sicher wie der Tod. Du kannst morgen sterben, in fünf Jahren oder in fünfzig Jahren. Aber sicher ist: Du wirst sterben. Und sicher ist: Wann, darüber wird Gott entscheiden. Oder sollte dich dieser Gedanke irritieren, dann nenne es eben Schicksal.

Aus diesem Grund möchte ich dir einen wichtigen Rat geben. Bei aller Fokussierung auf deine Ziele: Der Weg ist das Ziel!

Vergiss das nie. Lebe jeden Tag. Gönne dir etwas. Versuche, anderen eine Freude zu machen. Denn keiner weiß, ob du für deine Ziele, die in der Ferne liegen, genügend Zeit bekommst, um sie zu realisieren.

Wenn ich als Kind über den Tod nachgedacht habe, und leider tat ich das sehr häufig, fiel ich regelmäßig in ein tiefes Loch. Ich war fassungslos, denn ich konnte ihn nicht begreifen. Heute bin ich Gott sei Dank an einem Punkt angelangt, an dem ich keine Angst mehr vor dem Tod habe. Ich denke, mit dem Leben ist es wie mit der Berufserfahrung. Es gibt Menschen, die arbeiten vierzig Jahre in einem Beruf und sind trotzdem zu nichts zu gebrauchen. Andere sind noch ganz neu in ihrem Job und schon richtige Profis. Warum? Weil nicht die Dauer eine Rolle spielt, sondern die Intensität. Manche Menschen werden neunundneunzig Jahre alt, andere vielleicht nur fünfzig. Doch wer sagt, dass die ältere Person intensiver gelebt hat? Mehr erlebt hat? Mehr Liebe, Wärme und Herzlichkeit gegeben und erfahren hat?

Glaub es mir: Fixier dich auf die Qualität, nicht auf die Quantität!

Wenn ich morgen sterben müsste, wäre ich sehr traurig. Denn schließlich will ich noch so vieles gemeinsam mit meiner Frau erleben und ich möchte meine Kinder aufwachsen sehen. Doch ich würde sterben mit einem Gefühl des Stolzes, denn ich habe sehr intensiv gelebt und ich habe sehr viel erlebt. Vor allem aber habe ich meine Wünsche und Träume verwirklicht!

Da ich aber der erste Diabetiker werden möchte, der das Fest „100 Jahre Diabetes ohne Folgeschäden" feiern will, höre ich nun auf, über den Tod zu schreiben.

Schauen wir lieber auf das Leben. Das Leben in der nahen und ferneren Zukunft.

Dazu begebe ich mich gedanklich auf eine Sommerwiese. Ich lege mich ins Gras, schaue zum wolkenlosen Himmel hoch und in die Zukunft. In meine Zukunft!

Das, was ich sehe, macht mich sehr glücklich. Ich sehe die Erfüllung meiner Wünsche und Träume. Je älter ich werde, je mehr materielle Dinge ich genossen habe, umso unwichtiger werden diese für mich. Ich könnte sofort in eine Tanya, ein kleines Gehöft in der Puszta, umziehen und dort in den Tag hineinleben und mein Leben genießen. Ich bräuchte nur meine Familie, einen alten Geländewagen, meine Pferde und natürlich meine Hunde. Auf alles andere könnte ich dort gut verzichten.

Als Ausgleich könnte ich mir das schon jetzt gut vorstellen. Allerdings nicht als Dauerzustand. Dafür liebe ich mein Leben hier und jetzt einfach zu sehr. Dennoch ist es ein gutes Gefühl zu wissen, dass ich auch anders sehr gut leben könnte.

Ich blicke, entspannt auf der Sommerwiese liegend, gerne in verschiedenen Etappen voraus. Das solltest du auch mal machen. Für das nächste Jahr, für die nächsten fünf oder zehn Jahre. Und dann für die nächsten dreißig oder vierzig Jahre. Ich nehme siebenunddreißig Jahre. Warum gerade siebenunddreißig? Weil ich dann achtzig Jahre alt sein werde.

Der spannendste Zeitraum sind immer die kommenden fünf bis zehn Jahre. Interessanterweise überschätzen die meisten Menschen, was man in einem Jahr alles schaffen kann. Und sie unterschätzen, was man in fünf bis zehn Jahren schaffen kann.

In diesem Zeitraum werde ich meinen fünfzigsten Geburtstag feiern, am 20. Dezember 2022. Ich weiß, das klingt ziemlich alt, aber es ist ja auch noch einige Zeit bis dahin. Grundsätzlich ist der fünfzigste Geburtstag sicherlich ein Tag, an dem wohl fast jeder sein bisheriges Leben Revue passieren lässt. Ich denke, mit fünfzig muss man einsehen, dass man nicht mehr zu den ganz Jungen gehört und dass vielleicht bestimmte Dinge auch nur noch schwer zu erreichen sind. Wenn du zum Beispiel noch unverheiratet bist, wird es mit dem Ziel „Goldene Hochzeit feiern" wahrscheinlich etwas knapp. Aber viele Dinge kann man natürlich auch mit fünfzig noch in Angriff nehmen. Grundsätzlich glaube ich aber, je eher du gründlich über dein Leben nachdenkst, umso besser. Je eher du weißt, was die großen Ziele in deinem Leben sind, umso besser.

Mein größtes Ziel ist es, auch mit fünfzig Jahren gesund zu sein. Durch meinen Diabetes, der nun seit mehr als zwanzig Jahren mein Leben begleitet, spielt dieses Ziel eine besondere Rolle. Allein schon durch meine Arbeit werde ich immer wieder mit den möglichen Folgeschäden dieser Krankheit konfrontiert. Jedes Jahr geben wir auch Blindenführhunde an Leute ab, die durch Diabetes ihr Augenlicht verloren haben. Oft sind sie seit deutlich weniger Jahren Diabetiker als ich. Diese Erlebnisse sorgen bei mir dafür, mich so gut es geht an die Spielregeln zu halten, welche die Krankheit Diabetes den Betroffenen auferlegt. Ich denke, zu 100 Prozent kann man diese Krankheit nicht unter Kontrolle haben. Dafür sind die Einflüsse, die den Blutzuckerspiegel ansteigen lassen, zu vielschichtig. Vor allem, wenn die Bauchspeicheldrüse ihren Dienst komplett eingestellt hat, wie bei mir.
Ich glaube, dass mit zunehmendem Alter das Leben nur Freude macht, wenn man selbst in Würde älter wird. Wenn einem nicht ständig neue Handicaps das Leben zur Hölle

machen. Damit das so ist, kann man sicher eine Menge tun. Davon, dass dabei die eigene Psyche und die Lebenseinstellung eine beträchtliche Rolle spielen, bin ich überzeugt. Die Gesundheit bildet für mich die absolute Grundlage, um das Leben genießen zu können. Deshalb ist sie mein erstes Ziel.

An zweiter Stelle steht für mich der persönliche Entwicklungs- und Reifungsprozess. Genau wie ein Baum entweder wächst oder eingeht, ist es mit unserer Persönlichkeit. Ein Sprichwort sagt: „Wer aufhört, besser zu werden, hat aufgehört, gut zu sein."

Viele Menschen, die einmal in ihrem Leben etwas zustande bringen, glauben, dass das nun von ganz alleine immer so weitergeht. Doch das geht es nicht. Nicht, wenn man nicht ständig weiter an sich selbst arbeitet. Und so verschwinden die meisten ganz schnell wieder in der Versenkung. Dorthin, wo sie hergekommen sind. Wenn es dir nicht gelingt, immer weiter an deiner Persönlichkeit zu arbeiten, wirst du nicht lange glücklich und erfolgreich sein. Bei allem, was wir im Leben tun, in allen Beziehungen, ist ständiges persönliches Wachstum die Grundvoraussetzung für Erfolge und für Harmonie. Darauf gehe ich im zweiten Teil dieses Buches noch genauer ein.

Mit dem persönlichen Wachstum ist es wie mit jedem Training. Wenn man einmal damit angefangen hat und Fahrt aufnimmt, kann man ohne nicht mehr leben. Wenn man es eine Zeit lang vernachlässigt, geht es einem richtig schlecht und man beginnt automatisch wieder damit, an sich zu arbeiten.

Mein Ziel ist es, persönlich immer weiterzuwachsen. Ausgeglichener zu werden, weiser und kreativ und fortschrittlich zu denken. Und das, ohne den Boden unter den Füßen zu verlieren.

Das Wort „arbeiten" ist für mich nicht wie für viele Menschen negativ belegt. Das war nicht immer so, aber nur deshalb, weil ich anfangs das, was ich tat, was ich arbeitete, nicht liebte. Ein Zustand, den ich nicht wirklich akzeptieren konnte.

Mein Ziel war es, etwas zu tun, was mir Freude macht. Durch meine Arbeit mit Hunden habe ich dieses Ziel erreicht. Aber allein die Arbeit mit Hunden hätte mich auf Dauer nicht befriedigt. Es war die Mischung, die mich angefixt hat. Meine Mischung! Eine Mischung, die ich bei keinem anderen Unternehmen in meiner Branche vor mir je erlebt habe. Die Mischung aus fachlicher Kompetenz, einer eigenen Philosophie, hoher Naturverbundenheit und fortschrittlichem Marketing. Viele meiner Kollegen haben weder einen eigenen Stil noch eine eigene Meinung. Ich meine das nicht böse, ich stelle es nur fest. Und ich finde es schade, dass das so ist.

Ich für meinen Teil werde meinen Weg weitergehen. Wenn man die Größe eines Unternehmens anhand von Umsatz, Gewinn und Auftragslage bestimmt, so gehören wir mit Sicherheit zu den größten Unternehmen unserer Branche deutschlandweit, vielleicht sogar europaweit. Das will ich weiter ausbauen. Dabei möchte ich meinen eigenen Weg gehen und die Qualität meiner Arbeit ständig ausbauen. Aktuell bin ich an einem Punkt angelangt, wo bestimmte innerbetriebliche Strukturen nicht mehr zeitgemäß und ausreichend erscheinen. Diese neu auszurichten macht Freude und ist anstrengend zugleich.

Meine Ziele in puncto Arbeit würde ich mit folgenden Worten beschreiben: Kundenorientierung und Service weiter steigern. Qualität erhöhen. Aufklärungsarbeit intensivieren. Persönliche Ausbildungskonzepte verbreiten, Abhängigkeiten von meiner Person minimieren.

Und wenn ich dann im Jahre 2022 feststelle, das Führhundwesen positiv beeinflusst zu haben, vielleicht durch ein spezielles Buch, durch Trainerschulungen oder einfach durch den Ausbau meines Unternehmens, würde ich sagen: Ziel erreicht!

Dass ich dabei die Zahlen nicht aus den Augen verliere, versteht sich von selbst.

Denn genau diese Zahlen sind vonnöten, um meiner Familie und mir zu ermöglichen, uns weiterhin bestimmte Dinge leisten zu können: den Erhalt und Ausbau unseres Hauses und Geländes, die Haltung unserer Pferde, das Fahren von Autos, die einem Spaß machen, alle Möglichkeiten der Ausbildung für die Kinder. Und vor allem viele schöne gemeinsame Urlaube – Kanada, USA, Australien, mit dem Wohnmobil durch jeden Winkel unseres Heimatlandes und durch Skandinavien, eine Reise durch Afrika ... um nur einige zu nennen. All das mir und meiner Familie ermöglichen zu können, spornt mich immer wieder aufs Neue an.

Aber es spielt dennoch, nur für mich, keine Rolle. Es spielt nur eine Rolle für UNS. Für uns fünf, meine Familie. Ich glaube an die Kraft und die Macht der Familie. Ich liebe und verehre meine Eltern. Und mein Ziel ist es, langfristig mit meiner Frau und meinen Kindern eine Familie aufzubauen, die so stark ist, dass sie auch in harten Zeiten einander trägt. Ich habe für meine Familie ein Familienwappen entworfen. Und ich wünsche mir, dass dieses Wappen für Zusammenhalt steht. Für Zusammenhalt und Liebe. Dafür werde ich mit aller Macht kämpfen.
Bis es im Großen so weit ist, müssen wir es im Kleinen in unserer Familie täglich vorleben und leben. Das nennt sich wohl Erziehung und ich liebe es, zu erziehen. Ich möchte

meinen Kindern so viel wie möglich mitgeben und mich an ihren Persönlichkeiten erfreuen. Wenn ich fünfzig werde, werden sie dreizehn, elf und acht sein. Und ich weiß schon jetzt, dass ich noch genauso stolz auf sie sein werde, wie ich es heute bin.

Ein Sprichwort sagt: „Träume nicht dein Leben, sondern lebe deinen Traum!" Ich habe vor, genau das immer weiter zu tun. Und wie sieht es mit dir aus?

MY WAY – MY BUSINESS

Fast alles, was ich in meinem Leben erreicht habe, Materielles sowieso, aber auch die Entwicklung meiner Person, meines Charakters, letztlich sogar das Kennenlernen meiner geliebten Frau, habe ich einer Sache zu verdanken: meiner Selbstständigkeit!
Ich möchte daher dieses Kapitel mit einer Liebeserklärung beginnen ...
Du hast nur eine Möglichkeit, die Höhe deines Einkommens selbst zu bestimmen. Du hast nur eine Chance, deine eigenen Ideen in die Tat umzusetzen. Du hast nur eine Chance, das zu tun, was dir zu 100 Prozent Spaß und Freude bereitet. Du hast nur eine Chance, deine Arbeitszeit komplett selbst einzuteilen und zu entscheiden, wie viel du arbeiten willst. Und diese eine Chance ist: Mache dich selbstständig!

Vielleicht denkst du jetzt, der hat gut reden. Legst dir Gegenargumente zurecht, untermauert mit geeigneten Beispielen – von Menschen, die pleitegegangen sind und sich nie wieder selbstständig machen würden.
Ich gebe dir einen Rat: Lass meine Worte auf dich wirken und schau einfach, vielleicht verändern sie ja etwas in dir. Oder sie geben dir den notwendigen Mut, der dir noch gefehlt hat, um endlich deinen Weg zu gehen.

Natürlich gibt es mindestens genauso viele Gegenargumente zur Selbstständigkeit, wie es Argumente dafür gibt. Aber das liegt grundsätzlich nicht an der Selbstständigkeit, sondern an ein paar Voraussetzungen, die eine erfolgreiche Selbstständigkeit nun mal verlangt.

Wie viele Leute machen sich zum Beispiel selbstständig ohne einen exakten Plan! Ohne Kapital! Ohne ausreichend Fachwissen!

Aber soll ich dir etwas sagen? Auch ohne Plan, Kohle und das ganz große Fachwissen vor Beginn der Selbstständigkeit kannst du erfolgreich werden! Woher ich das weiß? Weil ich es auf diese Art und Weise geschafft habe. Weil ich eines hatte und immer haben werde: Durchhaltevermögen!

Zu keinem Zeitpunkt, egal wie weit mir das Wasser am Hals plätscherte, egal wie ausweglos meine finanzielle Situation war, habe ich Aufgeben in Erwägung gezogen. Und genau das ist die erste Grundvoraussetzung eines Unternehmers: *kein Plan B!*

Lass mich dir erklären, warum das so wichtig ist. Was glaubst du beispielsweise, kommt dabei heraus, wenn einer der beiden Ehepartner mit der Einstellung in die Ehe geht, dass er sich notfalls ja wieder scheiden lassen kann?

Was glaubst du, kommt dabei heraus, wenn man sich einen Hund anschafft mit der Einstellung: Erst mal sehen, ob es klappt, wenn nicht, können wir ihn ja wieder abgeben?

Oder wenn ein Fußballer in das wichtigste Spiel, das über Abstieg oder Klassenerhalt entscheidet, mit der Einstellung geht: Wenn wir absteigen, wechsel ich eben den Verein?
Ich sage dir, was dabei herauskommt: Allein durch diese Einstellung liegt die Erfolgswahrscheinlichkeit schon bei unter 50 Prozent. Deshalb rate ich dir: Konzentriere dich komplett auf den Erfolg. Schließe ein Versagen kategorisch aus. Kein Plan B!

Das allein wird aber natürlich nicht ausreichen, wenn du ein erfolgreiches Unternehmen aufbauen möchtest. Es gehört in jedem Fall im Vorfeld jede Menge Überlegung dazu. Ich würde aus meiner heutigen Sicht sagen: Je gründlicher du im Vorfeld alles überdenkst, umso einfacher wird der Weg zum Erfolg.
Zum Beispiel solltest du dich unbedingt fragen, ob du durch Produkte erfolgreich werden möchtest oder dich als Person „verkaufen" willst. Also: *Produkt oder Persönlichkeit.*

Obwohl ich selbst den anderen Weg gewählt habe, nämlich die Persönlichkeit, möchte ich behaupten, dass es einfacher ist, Produkte herzustellen und zu verkaufen. Denn wenn du den Weg wählst, deine Persönlichkeit in den Mittelpunkt eines Unternehmens zu stellen, bedeutet das, dass deine Firma letztlich mehr oder weniger von dir abhängig ist. Wenn du ein Produkt herstellst oder es vertreibst, ist es egal, ob du selbst der Hersteller bist oder ein Angestellter, deine Firma ist nicht von deiner Person abhängig. Du kannst dann jederzeit problemlos wachsen und deine Firma vergrößern. Somit sind auch hinsichtlich deines Umsatzes bzw. deines Gewinnes keine Grenzen gesetzt. Wenn du aber eine Firma auf deiner Persönlichkeit aufbaust, so wie ich es getan habe, ist diese Firma grundsätzlich von dir abhängig. Im Grunde bist du das Produkt, das verkauft wird. Dadurch wird in deinem Unternehmen ohne dich nicht viel laufen und dem Wachstum deines Unternehmens sind Grenzen gesetzt, da du nicht unendlich viel mehr arbeiten kannst. Es ist also wirklich wichtig, sich im Vorfeld der Unternehmensgründung über diese Tatsache genauestens Gedanken zu machen.

Ich habe das nicht gemacht. Ich habe von Anfang an alles, was ich tat, auf den Namen Münzner, genauer gesagt auf den Namen Heiko Münzner, aufgebaut. Das funktionierte die ersten beiden Jahre absolut tadellos. Und weil es funktionierte, wurde die Nachfrage nach meiner Arbeit sehr schnell größer. Sie wurde so groß, dass ich sie allein nicht mehr bewältigen konnte. Was nun? Ganz klar, ich stellte die ersten Mitarbeiter ein. Doch mit den ersten Mitarbeitern kamen auch die ersten Probleme. Denn meine Kunden wollten zu mir! Es entstand eine Unzufriedenheit, die schnell dazu führte, dass mein Unternehmen in Schieflage geriet. Es dauerte sehr lange, bis es mir gelang, für mein Unternehmen in dieser Hinsicht den richtigen Weg zu finden. Zum einen hatte ich das Glück, dass meine Frau Anja mit in meine Firma einstieg. Da sie eine tolle Persönlichkeit hat, konnten wir allmählich in der Außendarstellung mit doppelter Kraft arbeiten. Es waren plötzlich zwei Münzner als Ansprechpartner vorhanden. Ein weiterer Schritt war es, den Kunden gegenüber mit offenen Karten zu spielen. Das bedeutete, dass die Mitarbeiter, die in meinem Unternehmen eine wichtige Position hatten, ebenfalls als Persönlichkeit bekannt gemacht wurden. Was natürlich voraussetzte, dass diese Mitarbeiter auch in der Lage waren, das Unternehmen zu repräsentieren.

Der letzte Schritt war, die Produktpalette nicht zu breit zu wählen. Ein Schritt, der für mich leichter gesagt war als getan. Doch die Vernunft sagt einem, dass es keinen Sinn hat, sich auf ein zu breites Angebot einzulassen. Letztlich führt das nur dazu, dass man sich auf vieles ein bisschen, aber auf nichts zu 100 Prozent konzentriert.

Wie bereits erwähnt: Es ist schwirig, in einem Unternehmen, das auf Persönlichkeit aufbaut, den Umsatz unendlich wachsen zu lassen. Für einen begrenzten Anstieg des Wachstums gibt es jedoch zwei Möglichkeiten, die erste ist der Preis. Wenn du wirklich etwas Besonderes bist und deinen Kunden einen großen Nutzen bringst, wird es möglich sein, den Preis ein ganzes Stück deinem Wert anzupassen.

Die zweite Möglichkeit und gleichzeitig eine weitere Grundvoraussetzung eines erfolgreichen Unternehmers ist: *Effektivität.*

Wenn wir von Effektivität sprechen, muss eines unbedingt klar sein: Effektivität darf niemals auf Kosten der Qualität gehen. Deine Qualität bzw. die Qualität der Produkte, die du herstellst, muss immer unangefochten optimal sein. Alles andere wäre ein sicherer Schritt ins Verderben.

Wenn du aber in der Lage bist, bei hervorragender Qualität deiner Arbeit deine Effektivität zu erhöhen, bedeutet das nichts anderes, als in gleicher Zeit mehr Umsatz zu machen. Solltest du allerdings nicht mehr Umsatz machen wollen, kannst du durch mehr Effektivität auch deine Arbeitszeit herunterfahren. Die Effektivität ist für mich extrem wichtig. Nur weil ich so effektiv bin, kann ich das Leben führen, das ich führe.

Die nächste Grundvoraussetzung eines erfolgreichen Unternehmensaufbaus ist: *Sei sparsam und trenne in finanzieller Hinsicht Geschäftliches und Privates.*

Gerade in der ersten Zeit nach der Gründung eines Unternehmens ist Sparsamkeit besonders wichtig. Aber auch die Trennung deiner Geschäfts- und Privatausgaben ist von allerhöchster Bedeutung. Ich kenne einige Unternehmer, die ihr Unternehmen schließen wollten, weil es angeblich nicht genug Geld einbrachte. Tatsächlich hatten diese Leute wahrscheinlich ein gar nicht so schlecht laufendes Unternehmen, nur ihre privaten Ausgaben waren viel zu hoch. Nicht selten sind das Ausgaben, die sich nicht ohne Weiteres wieder stoppen lassen. Ein zu teures Auto, das über einen Kredit finanziert wurde, eine ebenfalls über einen Kredit finanzierte zu teure Büroeinrichtung oder manchmal auch zu hohe Erwartungen des Partners an die Finanzkraft des Jungunternehmers. Logischerweise ist eine Schließung des Unternehmens hier nicht sinnvoll. Viel sinnvoller wäre eine gute Finanzberatung.

Ich kann jedem, der feststellt, dass am Ende des Geldes immer noch so viel Monat übrig ist, eines sagen: An dieser Tatsache wird sich nichts ändern, egal ob du im Monat 1000 oder vielleicht 10.000 Euro zu Verfügung hast. Denn Ausgaben haben eine seltsame Angewohnheit: Sie steigen parallel zur Höhe des Einkommens. Daher ist es nicht sinnvoll, ausschließlich darüber nachzudenken, wie man mehr verdienen kann. Das ist nur die halbe Wahrheit. Die andere Frage ist, was man sich wirklich leisten bzw. anschaffen muss. Jede Anschaffung, die du tätigst, und sei sie vielleicht auf den ersten Blick noch so unbedeutend, heißt mehr arbeiten und weniger Freizeit. Und dabei geht es in erster Linie nicht einmal um die großen Anschaffungen.

Oft sind es die vielen kleinen Dinge, die eigentlich völlig sinnlos und unwichtig sind.

Eine weitere Voraussetzung für einen erfolgreichen Unternehmensaufbau ist: *Mach dich bekannt.*

Ich gründete mein Unternehmen am 1. August 1996. In kürzester Zeit gelang es mir, einen unglaublichen Bekanntheitsgrad zu erreichen. Je größer dein Bekanntheitsgrad ist, umso größer ist die Chance, deine Firma erfolgreich am Markt zu etablieren. Doch wie schafft man es, vor allem ohne große finanzielle Mittel aufzuwenden, einen hohen Bekanntheitsgrad zu erlangen? Ich möchte dir sagen, wie ich es gemacht habe.

Zuerst benötigst du eine Story. Eine Story über dich und dein Produkt. Bei mir war es meine Lebensgeschichte, konkret meine Erkrankung an Diabetes. Und die durch die Erkrankung entstandene Idee, Blindenführhunde auszubilden. Mit dieser Story im Gepäck, wobei ich hier betonen möchte, dass die Story wahr sein muss, ging ich an die Öffentlichkeit. Wohlgemerkt, ich ging an die Öffentlichkeit. Mir kommt es heute manchmal so vor, als würden Unternehmer darauf warten, wie ein junges Talent entdeckt zu werden. Ich verspreche dir, das wird nicht geschehen. Du musst selbst in die Offensive gehen!

Und wie sieht das aus?

Grundsätzlich solltest du das so breit wie nur irgend möglich angehen: lokale Presse, Fernsehen, Radio. All diese Medien berichten im Normalfall nur einmal über dich. Und das auch nur dann, wenn deine Story wirklich gut ist. Deshalb ist es wichtig, dass du dir immer wieder etwas Neues einfallen lässt. Und das sollte möglichst etwas Ungewöhnliches, Besonderes sein. Ich kann dir nur empfehlen, hier wirklich intensiv zu arbeiten. Wenn es dir gelingt, in der ersten Zeit einen hohen Bekanntheitsgrad zu erreichen, kann dein Unternehmen sehr lange davon zehren.

Auch eine professionelle Website sowie Präsenz in den sozialen Netzwerken kann deinen Bekanntheitsgrad relativ schnell erhöhen. Aber wenn du das auf die leichte Schulter nimmst und nicht gut bist, kann der Schuss auch nach hinten losgehen. Eine Website ist ein Aushängeschild. Genau wie eine Facebook-Seite. Eine Facebook-Seite, auf der nur einmal im Monat ein neuer Post erscheint, kann einen schlechten Eindruck beim potenziellen Kunden hinterlassen. Grundsätzlich solltest du alles tun, was in irgendeiner Weise deinen Bekanntheitsgrad erhöht. Nichts ist dabei unmöglich.

Wenn du auf der Suche nach geeigneten Ideen bist, kannst du dich natürlich von anderen inspirieren lassen. Allerdings ist es am besten, du lässt dir etwas ganz Neues einfallen.

Es muss dein Ziel sein, innerhalb kürzester Zeit in deiner Region bzw. dem Gebiet, wo deine Zielgruppe zu Hause ist, ständig mit deinem Produkt in Verbindung gebracht zu werden. Wenn du eine Fahrschule hast, muss jeder beim Stichwort „Führerschein" sofort an dich denken. Wenn du ein Reisebüro hast, muss jeder, wenn das Wort „Urlaub" fällt, sofort an dich denken. Wenn du das erreicht hast, bist du mit Sicherheit ganz groß im Geschäft. Und so schnell kann dir das in deiner Branche keiner wieder nehmen!

Bei allem Erfolg, den ich mit meiner Arbeit hatte und habe, war ich von Anfang an immer selbst mein größter Kritiker. Auch das ist somit ein wichtiger Ratschlag, den ich dir geben möchte: *Sei selbstkritisch.*

Wenn es dir gelingt, ein vernünftiges und gesundes Maß an Selbstkritik an den Tag zu legen, wird dich das vor vielen unangenehmen Dingen bewahren. Aber wie sieht ein gesundes Maß an Selbstkritik aus? Aus meiner Sicht ist es die Mitte aus zwei Extremen. Das eine Extrem sind Leute, die zwanghaft perfekt und niemals mit etwas zufrieden sind. Das andere Extrem sind Menschen, die bereits bei den kleinsten Erfolgen glauben, sie seien die Allergrößten, Allerbesten und unschlagbar. Für mich spielt bei meiner Arbeit mein Anspruch eine wesentliche Rolle. Ich finde es wichtig, sich an den Besten und damit den bestmöglichen Leistungen und Resultaten zu orientieren. Wenn ich das realistisch tue und mein eigenes Leistungsniveau innerhalb meiner Möglichkeiten bei 75 Prozent einstufe, bin ich mit diesen 75 Prozent wahrscheinlich schon Marktführer. Und in meinem Streben, noch besser zu werden, habe ich Raum, weiter zu wachsen. Da ich weiter wachsen kann, werde ich langfristig auch Marktführer bleiben. Jemand, der glaubt, er sei bereits bei 100 oder vielleicht sogar 105 Prozent, der seltsamerweise aber nicht Marktführer ist, wird einsehen müssen, dass etwas in seiner Denkweise nicht stimmt. Ich kann dir auch sagen, was nicht stimmt: Er ist nicht selbstkritisch genug!

Die letzte Grundvoraussetzung für einen erfolgreichen Unternehmer ist: *verkaufen können.*

Ich kenne Leute, die wirklich gute Produkte haben, aber so schlechte Verkäufer sind, dass sie mit ihren tollen Produkten schnell pleitegehen. Andere Leute schämen sich geradezu, ihre Produkte anzupreisen, obwohl diese wirklich gut sind. Und dann gibt es natürlich auch noch Leute, die alles irgendwie ihren Kunden einreden, egal, welche Produkte sie verkaufen. Und das unabhängig davon, ob das Produkt gut ist bzw. ob die Kunden es überhaupt benötigen.
Ich würde es für mich selbst absolut verabscheuen, Menschen Dinge einzureden, von denen ich selbst nicht überzeugt bin. Aber von meinen Produkten und von meinen Leistungen bin ich natürlich absolut überzeugt. Für mich ist es eine Tatsache, dass ein Kunde, der nicht zu mir kommt,

sondern zur Konkurrenz geht, dort immer schlechtere Leistungen erhält. Daher bin ich im Verkaufsgespräch bestrebt, dem Kunden meine Produkte zu verkaufen. Und schon bin ich ein guter Verkäufer! Wenn du ein tolles Produkt hast oder selbst das tolle Produkt bist, wird es dir auch nicht schwerfallen, es zu verkaufen. Ganz im Gegenteil, du wirst dich womöglich vor Käufern nicht retten können. Damit hast du dann zum einen den Sinn des Verkaufens perfekt umgesetzt und zum andern für dich und dein Unternehmen das Optimum erreicht.

Was ich dir bisher in diesem Kapitel erzählt habe, klingt vielleicht kompliziert. Aber in Wirklichkeit ist es das nicht. In Wirklichkeit ist es sogar sehr einfach. Wir haben nur leider den Blick für das Einfache verloren. Wir glauben, dass das, was einfach ist, nicht funktioniert. Es ist eine typisch deutsche Eigenschaft, das Heil in der Kompliziertheit zu suchen. Doch diese Kompliziertheit sorgt dafür, dass wir uns im Kreise drehen und viele, viele Chancen einfach unbeachtet am Weg liegen lassen.

Deshalb glaube mir, eigentlich ist alles so einfach. Ich möchte dich ermutigen, die Kompliziertheit schlicht wegzulassen und Dinge wieder so zu sehen, wie sie sind: logisch und einfach!

Wenn dir das gelingt, bist du auf einem guten Weg, ein erfolgreicher Unternehmer zu werden bzw. den Erfolg deines Unternehmens weiter auszubauen.

Teamfoto 2015 – Foto-ATELIER Lorenz

Dreharbeiten für Tierisch kompakt

Teamfoto´s 2014 –
Foto-ATELIER Lorenz

Mein erstes Buch

Das MDR Fernsehen bei uns zu Gast

Teamfoto 2013
Foto-ATELIER Lorenz

Vor der Kamera mit dem ehemaligen Boxweltmeister Markus Beyer

Bei allen Seminaren haben wir ein volles Haus, hier im Rittersaal vom Schloss Schlettau

Kalenderblätter unseres Jahreskalender 2015 – Fotos: Foto-ATELIER Lorenz

> Leben allein genügt nicht, sagte der Schmetterling. Sonnenschein, Freiheit und eine kleine Blume muss man auch haben.
>
> H.C. Andersen

2015 Mai

> Wenn Du eine helfende Hand suchst, so findest Du diese am Ende Deines rechten Armes.
>
> JÜRGEN MÖLLER

2015 Apr

~ 92 ~

~ 93 ~

Freie Presse · Schwarzenberg

Live-Sounds zum Spartarif

Volkshaus wieder Konzertsaal: Am Ostersamstag Eröffnungsfete mit „Eternal Peace"

RASCHAU (LR). Ab nächste Woche wird es im Saal des Raschauer Volkshauses wieder Jugendveranstaltungen geben. Heiko Münzner, der neue Pächter der Räumlichkeiten, informierte darüber jetzt in einem Pressegespräch. Geplant ist, daß die Einrichtung vorerst mittwochs, freitags und samstags jeweils ab 18 Uhr geöffnet wird.

Dabei soll sich der Mittwoch als Club- oder Talkabend zu allen möglichen Themen etablieren. Freitags gibt es im 14täglichen Wechsel das Volkshaus einen Independent Disco Night speziell für Metal- und Darkwavefans oder den sogenannten „Live-Club" als Sprungbrett und Auftrittschance hauptsächlich für begabte junge Bands aus der Region.

Der Samstag ist zu 90 Prozent der Livemusik vorbehalten. Nach den Vorstellungen von Heiko Münzner soll das Volkshaus einen gleichsam Saalen erlangen wie vergleichbare Etablissements.

In Raschau werden die Liebhaber alternativer Musikrichtungen einen festen Anlaufpunkt finden. Und auf der dortigen Bühne treten bis auf weiteres vorrangig Ostbands auf, die nach der Wende mit eigenen, neuen Kompositionen von sich hören machten.

Münzner, der früher selbst hobbymäßig Musik gemacht hat, war eine zeitlang Herausgeber einer Jugendzeitschrift und sammelte als Veranstalter von Konzerten und Treffen unterschiedlicher Größenordnung Erfahrungen. So organisiert er im vergangenen Jahr beispielsweise ein Tattoo- und Jugendveranstaltungen sowie ein Nachwuchsfestival im Affalter, ein Independentkonzert am Filzteich, eine Countryfete in Schwarzenberg und diverse andere Konzerte in Chemnitzer Sälen.

Dabei mußte er sich aber immer in die Räumlichkeiten einmieten. Jetzt kann er über einen eigenen Saal plus Bühne verfügen und dort seine Konzepte realisieren. Als neuer Pächter des Volkshauses hat er das künftige Freizeit- und Unterhaltungsangebot ganz speziell auf das Teenagerpublikum aus dem Erzgebirge zugeschnitten. So soll der Eintrittspreis bei „großen" Konzerten die 20-Mark-Grenze keinesfalls überschreiten und freitags generell bei nur fünf Mark liegen. Auch das Imbiß- und Getränkeangebot werde sich durch ein jugendlich-niedriges Preisniveau auszeichnen.

In musikalischer Hinsicht gibt es keine definitiven Festlegungen. Klar ist lediglich, ein alternatives Musikangebot zu den Discotheken des Landkreises zu schaffen. Aber weg in der Affalter „Linde" jetzt wieder verstärkt Blues live zu hören ist, soll diese Stilrichtung im Volkshaus erst 'mal nur auf kleiner Flamme gekocht werden.

Die Gemeinderäte von Raschau stehen hinter dem Konzept, daß ihnen der junge Schwarzenberger Veranstalter unterbreitet hat. Und auch Bürgermeister Georg Solbrig (FWG) ist froh darüber, daß der Saal endlich wieder mit Leben erfüllt wird. Er verspricht sich von geistnahen Konzerten hauptsächlich Auftriebsimpulse.

Gestern nun wurde das nötige Abkommen zur Bewirtschaftung des Volkshauses unterzeichnet. Der Pachtvertrag läuft vorerst auf Probe. Heiko Münzner möchte schrittweise die Möglichkeiten des Hauses ausloten. Zunächst sieht er dort die für ihn die Aufgabe, einen ordnungsgemäßen Emissionsschutz, sprich Schalldämmung, zu installieren. Im Raschauer Fall muß eine Lösung gefunden werden, die die Fenster des Hauses nicht in ihrer Architekturwirkung beeinflußt und trotzdem optimalen Schallschutz bietet.

Die gastronomische Sicherstellung übernimmt eine Köchin, die eigens für die Jugendveranstaltungen eingestellt wurde. Die Betreibung der Gaststätte im Erdgeschoß ist jedoch noch nicht in Aussicht.

Die Eröffnungsfete am Ostersamstag bestreiten „Day of Mourning", „Eternal Peace", „Dynamic Front" und „The Gallery". Am Freitag, 12. April, spielt „Symbiotic Souls", am 13. April steht eine Dark Wave Party mit DJ Diva und „The Ancient Gallery" ins Haus.

Eine Indie-Disco gibt es am Freitag, 19. April. Dann folgt ein Konzert mit „The Merions of Nehemia" am 20. April. Der erste große Höhepunkt ist für Dienstag, 30. April, angekündigt. Dann spielt die Ostband „Pankow" im Volkshaus.

Noch ist im Volkshaus Raschau aufgestaut. Aber Heiko Münzner, der früher selbst Musik gemacht hat, will ab 6. April hier Jugendkonzerte organisieren. Foto: Rosenkranz

Der zweite Versuch einer Selbständigkeit. Quelle: Freie Presse

Eine nicht ganz alltägliche Dienstreise

Heiko Münzner und Christian Weigel zu Gast bei Hundestaffel in den USA – Geschäftliche Kontakte und weitere Seminare geplant

VON UTE SCHWITTEWSKI

Breitenbrunn. Eine Woche lang war Heiko Münzner vom Hundezentrum Münzner in Breitenbrunn jetzt auf Dienstreise in den Vereinigten Staaten. Auf Einladung der K 9 - so wird die Hundestaffel in den USA genannt - verbrachte er eine Woche in Valdosta im Bundesstaat Georgia. „Vor zirka drei Monaten klingelte mitten in der Nacht bei uns zuhause anhaltend das Telefon", erinnert sich Heiko Münzner. „Am anderen Ende der Leitung meldete sich Mr. Wayne, K 9 Officer aus Valdosta. Er sagte, dass er durch Zeitschriften auf unsere Schäferhundzucht aufmerksam geworden sei und bekundete lebhaftes Interesse, Hunde für Polizeidienst und Zucht zu importieren."

Das war der Beginn einer Geschichte, die sich noch lange fortsetzen sollte. Nach dem ersten telefonischen Kontakt wurden via Internet unzählige E-Mails hin und hergeschickt. Anfang Januar erfolgte schließlich die Einladung zu einem Besuch in den USA. Gesagt - getan. Am 27. Januar flog der Hundeschulenbesitzer gemeinsam mit seinem Cousin Christian Weigel, der als Dolmetscher fungieren sollte, über den großen Teich.

Ron Wayne hatte inzwischen über Heiko Münzner viel erfahren hinsichtlich seiner Tätigkeit als Hundeausbilder. Wie sich bald herausstellte, hatte der Amerikaner deshalb einige Erwartungen an den Besuch geknüpft. Drei Trainingstage für die K 9 Staffel waren organisiert. „Ich habe versucht, das Training mit Ruhe und Übersicht zu leiten. Teilweise haben wir gute Hunde gesehen, doch deren Ausbildungsstand war über weite Strecken nicht gerade berauschend." Mike Mc Clarnery, der Leiter der Hundestaffel, war von den Trainingserfolgen und den theoretischen Vorträgen des Ergebirglers so begeistert, dass ihm sofort die Idee kam, im Juli eine ganze Woche lang ein Seminar mit dem Deutschen zu veranstalten. Zu diesem Seminar möchte Heiko Münzner dann auch eigene Hunde mit in die USA nehmen, um die Theorie besser mit praktischen Vorführungen zu untermauern.

Neben dem Training war auch ein Ausflug nach Tallahassee, der Hauptstadt von Florida, geplant. Im dortigen Police Department lernten die Gäste aus Europa Mr. Mark Peavy kennen. Er ist K 9 Trainer und verantwortlich für alle Hundeführer in Floridas Hauptstadt und deren Umgebung. „Das ist ein echter Amerikaner, so wie man ihn sich vorstellt", meint Heiko. Auf die Frage von Christian Weigel, ob er im Police Department fotografieren dürfte, antwortete Peavy grinsend: „Mein Junge, du bist in Amerika, hier ist alles erlaubt."

Gegen 21.30 Uhr trommelte Peavy alle verfügbaren Hundeführer zusammen, obwohl dies nicht geplant war, und gab gegen Mitternacht unter Flutlicht in einem Football-Stadion eine Vorführung seiner Staffel. „Das war sehr beeindruckend", so Münzner. „Sehr gute gepflegte Hunde auf einem richtig guten Ausbildungsstand."

Begeistert von der Freundlichkeit der Menschen, die sie kennengelernt hatten, traten Heiko Münzner und Christian Weigel nach einer Woche die insgesamt 20-stündige Heimreise an eigentlich mit einem weinenden Auge, denn man hatte einige richtig gute Freunde gefunden. Aber schon im Juni will Ron Wayne, der Initiator der Reise, nach Deutschland kommen und im Juli geht es ja wieder rüber.

Heiko Münzner beim Training mit dem Deutschen Schäferhund „Hexe" und Hundeführer Ron Wayne in Valdosta im amerikanischen Bundesstaat Georgia. — Foto: Christian Weigel

Meine erste USA Reise. Quelle: Freie Presse

Schritt in Selbstständigkeit nie bereut

Im Hundezentrum Münzner gingen seit 1996 gut 750 Hunde zur Schule – Mehr als 100 Blindenführhunde ausgebildet

Zehn Mitarbeiter – einschließlich Inhaber und zwei Auszubildende, die Tierpfleger für Haus- und Heimtiere werden – sind im Hundezentrum Münzner im Breitenbrunner Gewerbegebiet Carolathal beschäftigt. An so ein Team war bei den Anfängen 1996 auf einem Grundstück am Kammerstein noch nicht zu denken. Heute ist das Hundezentrum sogar über Deutschland hinaus ein Begriff.

VON FRANK NESTLER

Breitenbrunn. Den Schritt in die Selbstständigkeit hat Heiko Münzner nie bereut. 23 war er, als das Hundezentrum – damals noch in sehr bescheidenem Umfang – eröffnet wurde. „Wir haben uns wirklich Stück für Stück weiterentwickelt. Nicht nur räumlich, genauso bei der Arbeit. Aber man muss ja auch an sich arbeiten; alles andere wäre doch Stillstand", sagt der heute 33-Jährige.

Gute Kontakte nach Übersee

Dass sein Hundezentrum, das von Anfang 1997 bis Ende Oktober 2000 nicht nur deutschlandweit, sondern sogar international bekannt ist, hängt mit der Schäferhundzucht, Fachzeitschriften und dem Internet zusammen. In mindestens 20 Länder wurde ein Film verkauft, der 2003 im Zusammenwirken mit dem Schwarzenberger Produzenten Udo Neubert entstand und den „DDR-Schäferhund" porträtierte. Bereits 2001 flogen Münzner und sein Cousin Christian Weigel erstmals in die USA, wo im Interesse signalisiert worden war, Hunde für den Polizeidienst und die Zucht zu importieren. Trainingstage, Seminare und Polizeihundausbildung folgten. Bis 2004 haben die Breitenbrunner Züchter und Ausbilder etwa 15 Hunde für den Polizeidienst in die USA abgegeben.

Xitty wird Rankas Nachfolgerin

Noch gut kann sich Münzner an den ersten Hund überhaupt erinnern, den er ausgebildet abgab – verständlicherweise ein Höhepunkt im noch jungen Berufsleben. „Ja, das war Ranka. Sie kam als Blindenführhund zu Nancy Rudolph, einem 14-jährigen Mädchen." Als das Hundezentrum jetzt zehnjähriges Bestehen feierte, mit Festveranstaltung und Tag der offenen Tür, lag es nahe, Nancy und ihre Ranka einzuladen. Was Münzner nicht wusste: Die Schäferhündin war kurz zuvor gestorben. Nancy, die in der Nähe von Kirchberg zu Hause ist, kam trotzdem nach Breitenbrunn. Aber die junge Frau, inzwischen 24, reiste nicht nur als Ehrengast an zum Mitfeiern, sondern auch, um ihren neuen Blindenführhund in Empfang zu nehmen. Xitty ist etwa anderthalb Jahre alt und hat eine achtmonatige Ausbildung hinter sich. Seit Montag wird die junge Schäferhündin durch Mitarbeiter des Hundezentrums in Nancy Rudolphs Umfeld eingewöhnt.

So ein Einarbeiten, das in der Regel rund drei Wochen dauert, war im zurückliegenden Jahrzehnt bereits mehr als 100 Mal angesagt. So viele Blindenführhunde haben Heiko Münzner und seine Mitstreiter in dieser Zeit schon ausgebildet. „Wir pegeln uns jetzt bei etwa zwölf solchen Tieren pro Jahr ein", erklärt der Chef. Anfragen gebe es aus ganz Deutschland, obwohl im Land verteilt mittlerweile genug Blindenführhundschulen existieren. „Etwa zehn davon sind von Trainern gegründet worden, die bei uns ihr Rüstzeug bekommen haben", so Münzner. „Zwei Jahre lang wurde von uns hier so eine Trainerausbildung angeboten."

Tiere lernen, Besitzer auch

Die 1998 ins Leben gerufene Hundeschule bei Münzner haben seither gut 750 Vierbeiner und deren Herrchen oder Frauchen durchlaufen. „Wir bieten eine Welpenschule an, drei unterschiedlich anspruchsvolle Kurse für Familienhunde und einen für Problemhunde", erläutert der Inhaber des Zentrums. „Dabei versuchen wir den Besitzern immer wieder klar zu machen, dass nicht nur ihre Tiere etwas lernen müssen, sondern auch sie selbst – und das ist oft sogar nötiger als beim Hund."

Darauf war das Programm jüngst zum Tag der offenen Tür zugeschnitten. Zahlreiche Gäste besuchten die Info- und Verkaufsstände und sahen sich die Vorführungen an. Viele nutzten die Möglichkeit, in einer Dunkelbar nachzuvollziehen, wie Blinde Alltägliches bewältigen, oder sie ließen sich mit verbundenen Augen von einem Hund führen. Ein Zeitstrahl und die zur Festveranstaltung gebotene Präsentation an der Videowand riefen die zehnjährige Entwicklung in Erinnerung.

Jeder Ausfall ist einer zuviel

Mit dem Blick nach vorn sagt Heiko Münzner: „Wir sind ein sehr junges Team, die meisten unter 23 Jahre. So wie es bei jedem Hund und seinem Besitzer dazulernen, verlange ich das auch von meinen Leuten. Die Ausbildung gerade von Blindenführhunden ist sehr anspruchsvoll. Jeder Ausfall ist einer zuviel. Wir wollen mit Hilfe der Hunde Blinden wieder mehr Freude am Leben vermitteln."

Beim Tag der offenen Tür im Hundezentrum Münzner in Breitenbrunn übergaben Heiko Münzner (l.) und Anja Mende (h.), die Inhaber der Hundeschule, an Nancy Rudolph ihren neuen Blindenführhund. — FOTO: WOLFGANG FREUND

10 Jahre Hundezentrum Münzner 2006 Quelle: Freie Presse

Schäferhund als Hauptdarsteller

Heiko Münzner und Udo Neubert drehten Film über eine ostdeutsche Besonderheit

VON FRANK NESTLER

Breitenbrunn. Der DDR-Schäferhund als Hauptdarsteller in einem populärwissenschaftlichen Videofilm – Heiko Münzner, Inhaber einer Blindenführhundschule und Hundeschule in Breitenbrunn, und Udo Neubert, Filmproduzent aus Schwarzenberg, haben dieses Vorhaben jetzt in die Tat umgesetzt. Sie gingen dabei einer ostdeutschen Besonderheit nach: Spätestens nach dem Mauerbau 1961 entwickelten sich – hermetisch voneinander getrennt – zwei unterschiedliche Populationen des Deutschen Schäferhundes. Dessen reinrassige Vertreter aus der ehemaligen DDR sind heute auf Grund ihrer Eigenschaften gefragter denn je; nicht nur in Deutschland, sogar in Übersee gibt es Interesse.

Münzner und Neubert lassen in diesem ersten ausführlichen Film über den ostblütigen Schäferhund viele Fachleute zu Wort kommen. Bekannte Züchter und Hundesportler, darunter der im Fachkreisen legendäre Werner Müller, legen aus ihrer Schildar, was das Besondere an Wesen Leistungsfähigkeit und Aussehen des DDR-Schäferhundes ausmacht. Spiel- und Beutetrieb, Wehrverhalten und Familientauglichkeit sind oft genannte Eigenschaften.

Joachim Lang, Diensthundeführer der Zollhundestaffel Oberwiesenthal, und Tierarzt Dr. Ernst Straube ergänzen das Thema aus ihrer Sicht und machen auf Probleme aufmerksam. So sei es eine Aufgabe des Zuchtverbands, darauf einzuwirken, dass der Schäferhund nicht zum Modehund verkommt. Man müsse sich auch als Züchter entscheiden, ob Schönheits- oder Leistungslinien der Vorrug gegeben wird.

Der Film lebt entscheidend von Porträts und Ausbildungsszenen mit aktuellen reinen DDR-Rüden, wobei für Laien einige Sequenzen zu lang sein dürften. Das aber wird zum Beispiel durch mehrere Zeitlupenaufnahmen wettgemacht, die einzelne Bewegungsabläufe und nicht zuletzt die Schönheit des Tieres ansich besser zur Geltung kommen lassen. Während die Grafiken zu Ahnentafeln und Blutlinienplänen von diversen Hunden oder die Aussagen zum in der DDR üblichen Wertmesszifferensystem sich eher an fachspezifische Publikum wenden, dürften die den Film bereichernden, historischen Aufnahmen von Hundesport-DDR-Meisterschaften in den 70er und 80er Jahren auf breites Interesse stoßen, ebenso bisher noch unveröffentlichtes Material über Anfänge der Hundeausbildung in der DDR.

Der 70-minütige Streifen (Kostenpunkt: 50 Euro plus Versand) ist sowohl in deutscher als auch in englischer Sprache erhältlich.

Eines von 2 gemeinsamen Filmprojekten mit dem Filmemacher Udo Neubert. Quelle: Freie Presse

MY WAY – MY DOGS

Ich habe sehr lange darüber nachgedacht, ob ich dieses Kapitel schreiben soll. Und eigentlich wollte ich es nicht. Doch die Gewissheit, dass viele Leser enttäuscht wären, wenn ich nicht auch etwas über meine Leidenschaft für Hunde schreibe, und die Tatsache, dass Hunde aus „meinem Weg" nicht wegzudenken sind, haben mich letztlich doch dazu veranlasst. Ich habe den Hunden so ziemlich alles zu verdanken, sie haben mein Leben zu dem gemacht, was es ist.

Die tägliche Arbeit mit Hunden, eigentlich seit meiner Jugend, hat meinen Charakter und mein Denken stark beeinflusst. Hunde sind keine komplizierten Wesen. Sie sind genauso unkompliziert wie das Leben. Nur leider wollen das die wenigsten Menschen hören bzw. wahrhaben. Wer im Verhalten seines Hundes sein eigenes Verhalten gespiegelt sieht, und das wäre ein großer und wesentlicher Schritt, würde es, so ihm ein gesundes Maß an Selbstkritik zur Verfügung steht, verstehen, wenn ich sage, dass ich meinen Charakter meinen Hunden zu verdanken habe. Sie haben mich trainiert und sie tun es auch heute noch, Tag für Tag. Und so haben meine großen Lehrmeister keine hochtrabenden Namen, sondern sie heißen: Bessy, Asta, Camacho, Alexis, Eastwood, Luna oder Glenn.

Ich möchte diese Art des Lernens etwas näher erklären. Vielleicht führt das auch bei dir dazu, das Verhalten deines Hundes besser zu verstehen. Stellen wir uns zum Beispiel diese Situation vor: Du leinst deinen Hund auf einem Waldweg ab und gehst einfach ein Stück weiter. Wie verhält sich dein Hund? Entfernt er sich weit von dir? Schnüffelt er sich irgendwo fest? Sucht er deine Nähe? Oder kannst du ihn auf einem Waldweg gar nicht ableinen, da er sonst weg wäre? Wenn er nicht ständig deine Nähe sucht, warum ist das so? Glaubst du, es liegt an seinem schlechten Charakter? Oder daran, dass er nicht gut ausgebildet ist? Oder denkst du gar, es sei normal? Ich sage dir, woran es liegt: Er findet alles andere interessanter als dich! Das ist die Wahrheit, die du ignorieren kannst, aber es wird die Wahrheit bleiben. Deshalb mein Tipp: Erkenne diese Tatsache an! Und mach etwas, damit sich das Verhalten deines Hundes ändert. Du überlegst jetzt, was du tun könntest? Das ist der beste Beweis dafür, dass du alles zu kompliziert siehst und keinen Blick für die Einfachheit der Dinge hast. Denn: Wenn mich jemand uninteressant findet, ich aber möchte, dass er mich interessant findet, ja, was kann ich dann tun? Ganz einfach, ich muss mich so verhalten, dass ich das Interesse meines Gegenübers wecke.

Ein weiteres Beispiel: Wenn du mit deinem Hund spazieren gehst, läuft er dann grundsätzlich gerne neben dir bei Fuß oder nur ungern oder vielleicht gar nicht? Auch hier solltest du dich fragen, warum der Hund sich so verhält und was das eigentlich bedeutet: nebeneinander hergehen, also bei Fuß gehen. Ist es harmonischer, nebeneinander zu gehen oder getrennt zu laufen? Wie hältst du es denn beim Sonntagsspaziergang mit deinem Partner? Geht ihr nebeneinander, Hand in Hand, oder geht der eine vorneweg und der andere hinterher? Und sollte es so sein, dann stelle ich dir gleich die nächste Frage: Ist das Harmonie?

Und warum laufen nun so viele Hunde nicht freudig, locker und glücklich neben ihrem Frauchen bzw. Herrchen? Ganz klar, am Hund liegt es nicht!

Durch meine Hunde bin ich ein guter Hundetrainer geworden. Mein Charakter verändert sich durch die Arbeit mit ihnen immer mehr. Er wird stärker und ich werde mit jedem daraus resultierenden Erfolg glücklicher. Zwischen der Welt der Hunde und dem Menschenleben gibt es viele Parallelen, somit ist es kein Wunder, dass der Hund den Menschen in jeder Hinsicht beeinflusst und ihm beim Wachsen hilft. Hunde sind nicht nur meine Persönlichkeitstrainer, sondern sie sind auch mein Beruf. Mit Hunden arbeiten zu können war meine Vision von Jugend an. Es bedeutet mir unvorstellbar viel, dass diese

Vision Wirklichkeit geworden ist.

Dass sich auch mein gesamtes Privatleben auf der Basis „Hund" aufbaut und quasi erst dadurch entstanden ist, ist wohl eine nicht ganz unlogische Konsequenz. Vor vielen Jahren rief mich eine junge Frau an und bat mich um eine Vorberatung zum Thema Hundekauf. Wir vereinbarten kurzfristig einen Termin. Bei diesem Termin lernte ich meine spätere Frau Anja kennen. Zwar ignorierte sie eisern den einen oder anderen Tipp, den ich ihr bei diesem ersten Gespräch gab, aber immerhin besuchte sie später meine Hundeschule. Zunächst sprachen wir nur über Hunde und meine Arbeit. Wir schätzten uns von Anfang an sehr. Doch mit der Zeit lernten wir uns lieben. Und seit inzwischen mehr als zehn Jahren führen wir eine wunderbare Beziehung. Aber: Ohne Hunde hätten wir uns nie kennengelernt.

Du siehst also: Mein Charakter, mein Beruf mit allen ideellen und materiellen Folgen, meine Frau und mit ihr unsere ganze Familie – alles ist nur so gekommen, weil ich ein Hundenarr bin. So ein Glück!

Da ich Hunden so unglaublich viel zu verdanken habe, schätze ich sie so sehr. Und deshalb geht mir auch ihr Leid sehr an die Nieren. Vor vielen Jahren habe ich einmal ein Seminar gehalten mit dem Titel: „Hunde, Spiegel unserer Zeit!" Als ich mich während der Vorbereitung mit dem Thema tiefgründig auseinandersetzte, wurde mir so manches klar. Wenn wir über das Leid von Hunden reden, denken die meisten ganz schnell an Straßenhunde in Osteuropa. Oder an Tierheime in Spanien voller Hunde, die auf eine Vermittlung warten. Aber müssen wir überhaupt ins Ausland schauen, um leidende Hunde zu sehen? Auch in Deutschland gibt es genug Elend. Damit wir uns nicht falsch verstehen: Hunde gehören nicht ausnahmslos in einen Zwinger gesperrt oder in einen kleinen Garten. Sie gehören nicht an eine Kette oder an ein Laufseil. Sie sind keine Sache, sondern Lebewesen mit Gefühlen. Dennoch leidet die große Masse der Hunde in Deutschland und in der gesamten westlichen Welt an zwei Dingen: an Vermenschlichung und an übertriebenem Wohlstand! Und auch hier gibt es wieder viele Parallelen zur Menschenwelt, zum Beispiel zu unseren Kindern. Es muss uns doch zu denken geben, dass 80 Prozent der Kinder in Deutschland bis zur 2. Klasse bereits einem Kinderpsychologen vorgestellt werden. Wenn dann Verhaltensauffälligkeiten diagnostiziert werden, was sind die Ursachen dafür? Ganz einfach: zu viel Materielles, zu wenig gemeinsame Zeit, schlechte Ernährung, zu wenig

Ruhe und Entspannungsphasen. Und diese vier Punkte machen krank, psychisch krank! In erster Linie unsere Kinder, ebenso deren Eltern, aber auch unsere Hunde.

Beginnen wir mit den materiellen Dingen. Wie viel von dem, was es in einem Hundefachmarkt gibt, glaubst du, braucht dein Hund? Ich würde sagen: 5 Prozent! Die restlichen 95 Prozent sind Schwachsinn. Sachen, die den Hundehalter glücklich machen, aber dem Hund bestenfalls am Allerwertesten vorbeigehen, schlimmstenfalls schaden. Hunde werden gewaschen, gestylt, parfümiert, geschmückt, getragen, gefahren, in Watte gepackt und, und, und ... Und wozu? Ganz sicher nicht zum Wohlbefinden der Tiere.

Die gemeinsame Zeit: Ist welche da und wofür wird sie genutzt? Hunde brauchen Bewegung und Aufgaben. Das ist viel wichtiger als stundenlanges Kraulen und nebenbei immer und überall mit dabei zu sein.

Die Ernährung ist ein weiterer wichtiger Punkt, über den ich ausführlich in meinem Buch „Hunde verdienen bessere Menschen" geschrieben habe. Die moderne Hundenahrung macht unsere Hunde physisch und psychisch krank. Sie dient in erster Linie dem Profit. Und das auf Kosten unserer Hunde. Die gleichen modernen Zivilisationskrankheiten, die wir Menschen in zunehmendem Maße bekommen, treffen zunehmend auch unsere Hunde. Denn die meisten Menschen ernähren sich genauso schlecht, wie sie ihre Hunde ernähren. Dabei kauft man doch nur das Beste, das, was in der Werbung angepriesen wird und angeblich so gesund ist. Aber leider ist es das eben nicht. Es ist alles nur ein Werbefake, um gute Verkaufszahlen zu bekommen. Traurig, aber wahr!

Wenn Kinder oder auch Erwachsene zu wenig Ruhe und Entspannungsphasen in ihrem Leben haben, werden sie gereizt, aggressiv, nervös und unausgeglichen. Handys, Internet, TV und Computerspiele sowie übertrieben viele Hobbys bewirken genau das. Wie bei unseren Hunden: Wenn sie ständig überall dabei sind, immer in Erwartungshaltung, durch Bällewerfen und Hundesport nervlich überreizt und ohne jegliche Regeln und ohne Frustrationsakzeptanz, verlieren Hunde ihr seelisches Gleichgewicht. Sie sind hibbelig, überdreht und nervös und können einem einfach nur leid tun.

Genau das ist der Punkt, bei dem jeder Hundehalter beginnen muss, vor seiner eigenen Türe zu kehren. Hunde sind Tiere! Wir müssen sie als solche respektieren. Wir müssen uns fragen, was Hunde brauchen. Und bevor wir uns einen Hund anschaffen, müssen wir uns selbst fragen: Können wir einem Hund das bieten, was er braucht?

Es gehört ein großes Maß an Verantwortungsgefühl dazu, sich diese Frage zu stellen bzw. sich dieser Frage zu stellen. Aber ich halte das für alle unumgänglich, die Hunde wirklich lieben. Ich fürchte, viele Menschen, die Hunde halten, lieben gar keine Hunde. Denn mit ihrer übertriebenen und bemutternden Liebe versuchen sie nur, ihre eigenen im Laufe des Lebens entstandenen psychischen Wunden zu lindern. In diesen Fällen werden Hunde missbraucht. Als Ersatz für Partner, Kinder, Enkel oder was auch immer. An dieser Stelle beginnt für mich Tierquälerei. Und da ich Hunde liebe und schätze, tut mir eine solche Entwicklung weh.

Ich liebe Hunde, ich respektiere Hunde und ich genieße es, mit ihnen Zeit zu verbringen. Wenn es dir, lieber Leser, liebe Leserin, genauso geht, dann hilf mit, die Welt unserer Hunde wieder artgerecht und dadurch für sie lebenswerter zu machen. Sei ein gutes Beispiel, ein Vorbild!

Mit Glenn auf dem Predigtstuhl (Bad Reichenhall)

Gemeinsamer Winterurlaub in Dänemark

Nemo und Wanda – Foto-ATELIER Lorenz

Gemeinsamer Winterspaziergang

Mit Blindenführhund Jamie an der Ostsee

Herbstimpressionen – Foto-ATELIER Lorenz

Tagestour bei 35°C in Kärnten

Fotoshooting 2014 – Foto-ATELIER Lorenz

TEIL II

Was ist Glück?

Wir sind alle nur aus einem Grund auf dieser Welt: um glücklich zu sein. Alles andere wäre auch ziemlich schlimm. Aus meiner Sicht kommt es darauf an, nicht sein Leben lang dem Glück hinterherzurennen, sondern in jeder Sekunde glücklich zu sein. Ich halte es für eine große Gefahr, immer gedanklich in der Zukunft zu leben. So nach dem Motto, wenn ich irgendwann befördert werde, dann bin ich glücklich. Wenn ich irgendwann ein eigenes Haus habe, dann bin ich glücklich. Oder schlimmstenfalls, wenn ich irgendwann einmal Rentner bin, dann bin ich glücklich. Die Zukunft ist eine Illusion, sie ist nicht real, sie existiert nur in unserer Vorstellung. Das heißt, dass auch das Glück, das wir mit ihr verknüpfen, zunächst eine Illusion, etwas nicht Reales ist. Es ist zwar wichtig, Ziele zu haben. Ziele sind wie Magneten. Ziele geben uns den Weg vor. Aber, wie es so kurz und treffend heißt: Der Weg ist das Ziel!

Wir dürfen niemals, zu keinem Moment unseres Lebens, vergessen zu leben. Zu leben im Jetzt. Unser tägliches Leben bewusst wahrzunehmen und dankbar zu sein, ist der Schlüssel zum Glück.

Wer sich bewusst dafür entscheidet, ein glückliches Leben zu führen, muss sich zunächst über einige grundlegende

Dinge im Klaren sein. Zunächst bedeutet Glücklichsein nicht, keine Probleme zu haben. Aber es bedeutet zu wissen, wie man mit Problemen umgeht. Ich glaube nicht, dass ich weniger Probleme habe als andere. Ich glaube sogar, je aktiver ein Mensch ist, desto mehr Probleme hat er. Probleme sind aber eine Einstellungssache. Und meine Einstellung zu den verschiedensten Dingen in meinem Leben kann ich selbst frei wählen. Wenn also ein Problem, gleich welcher Art, auf mich wartet, kann ich selbst entscheiden, ob ich davor Angst habe oder es als Herausforderung ansehe. Ich jedenfalls liebe Probleme. Denn ich weiß, wenn ich sie gelöst habe – und ich werde sie lösen –, werde ich wieder ein wenig stärker und mein Selbstbewusstsein wird größer sein. Außerdem glaube ich, dass Probleme uns durchaus nützlich sein können. Beispielsweise können sie uns Anhaltspunkte geben, wo wir im Leben an uns arbeiten müssen.

Des Weiteren, ich glaube, das ist ein ganz entscheidender Punkt, wird man wahres Glück nur empfinden, wenn man es in seiner Vielfältigkeit versteht, sucht und findet.
Die Welt ist voller Menschen, die sich auf einen Lebensbereich fixieren und sich dann irgendwann wundern, dass sie unglücklich sind. Glück wirst du nur finden, wenn du es in allen Lebensbereichen anstrebst. Und das gleichzeitig! Und je eher du damit in deinem Leben

beginnst, umso besser. Aber da man nun einmal nicht loslaufen kann, ohne die Richtung zu kennen, ist der erste Schritt, dass man sich darüber im Klaren ist, was man sich wirklich wünscht. Meine Definition für Glück ist daher:

Ganzheitliches Glück = glücklich mit mir selbst + Glück in meiner Ehe + Glück mit meinen Kindern + Glück im Berufsleben

Alle weiteren Bereiche sehe ich als Unterbereiche. Dies werde ich später aber noch genau beschreiben. Zunächst ist es erst einmal einfach wichtig zu verstehen, dass ein Mensch nur Glück empfinden wird, wenn er wirklich ganzheitlich glücklich ist.

Im Folgenden soll mein Buch dir dabei helfen, ganzheitlich glücklich zu werden. Deshalb wird jetzt, an dieser Stelle, ein Arbeitsbuch daraus. Ich möchte dich bitten, alle Übungen wirklich zu machen. Du kannst und wirst dabei nur gewinnen.
Lass uns nun beginnen!
Ich war schon immer ein Mensch, der gerne viele Fehler gemacht hat. Und das Wort „gerne" meine ich in diesem Falle ironisch.

Mir war jedoch von jeher klar, dass ich für mein Leben einen Plan brauche. Konkrete Vorstellungen darüber, wie ich am liebsten leben möchte. Und das so genau und detailliert wie möglich. Ich möchte, dass du nun unabhängig davon, wie alt du bist, und unabhängig davon, wo in deinem Leben du gerade stehst, diesen Plan für dich und dein Leben machst.

Bitte fülle die nächsten Seiten aus. Lass dir dabei so viel Zeit, wie du benötigst. Am besten nimmst du eine angenehme Sitzposition ein und schließt die Augen. Vielleicht wird es dir nicht schwerfallen, die folgenden Seiten auszufüllen. Vielleicht hast du dabei aber auch große Probleme. Das hängt vor allem davon ab, ob du dich mit diesem Thema schon einmal beschäftigt hast oder ob du doch mehr oder weniger dein Leben so in den Tag hinein verbracht hast. Aber letztlich ist das egal. Denn heute ist der Tag, an dem du dein Leben neu ausrichten kannst. Du solltest dabei deiner Fantasie und deinen Träumen freien Lauf lassen. Lass die Gedanken einfach raus und auf das Papier fließen. Auf keinen Fall solltest du deine Gedanken schon bewerten. Ich möchte nicht, dass deine innere Stimme, die man wohl mitunter als Vernunft bezeichnet, dir einen Strich durch deine Planung macht. Egal wie alt du bist, egal wo du stehst, du kannst dir deine Wünsche erfüllen und damit dein Leben zu einem Meisterwerk machen. Alles beginnt in diesem Moment!

Um es dir dabei so einfach wie möglich zu machen und dir eine Vorlage bieten zu können, habe ich meinen eigenen Lebensplan mit hinzugefügt.

Als Erstes solltest du deine ganz persönlichen Lebensbereiche und Unterbereiche festlegen. Diese sind im Groben sicher bei allen Menschen ähnlich, in den Unterbereichen allerdings doch äußerst verschieden. Ich möchte dich dringend darum bitten, dabei auch in die Zukunft zu schauen und dich zu fragen: Was möchte ich langfristig? Wer nur an die berufliche Karriere denkt und die Familienplanung völlig ignoriert, merkt dann mit vierzig vielleicht plötzlich, wie einsam er ist.

Also, lass uns beginnen!

Meine Lebensbereiche:

- Ich selbst
- Beziehung/Ehe
- Kinder
- Beruf/Karriere
- Sonstiges

Nun die Unterbereiche:

~~~~~~~~~~~~~~~~~~

Zu „Ich selbst"

．．．
．．．
．．．
．．．
．．．

Bei mir:

- Hobby Hund
- Hobby Pferd
- Sport
- Zeit in Stille für mich
- Gesundheit
- Spiritualität
- Lesen

Zu „Beziehung/Ehe"

．．．
．．．
．．．
．．．
．．．

Bei mir:
- Was ist mir in einer Beziehung besonders wichtig?
- Welchen Charakter sollte meine Frau haben?
- Wie soll meine Frau aussehen?

Zu „Kinder"
....
....
....
....
....

Bei mir:
- Möchte ich Kinder?
- Möchte ich ein Kind oder mehrere?

Zu „Beruf/Karriere"
....
....
....
....
....

Bei mir:

- Selbstständigkeit

- mit Hunden

- etwas für andere / für Behinderte machen

- Geld verdienen

Zu „Sonstiges"

....

....

....

....

....

Bei mir:

- Reisen

- schöne Autos

- eigenes Haus

- Grundstück/Ranch

- ausreichend Geld, um sich Wünsche zu erfüllen

- soziales Engagement

- Freunde/Freundschaften

- Altersvorsorge planen

So, das war doch nicht schwer. Wie geht es dir jetzt, bist du vielleicht am Staunen? Hast du schon etwas System in dein Leben gebracht?

Bevor wir nun zu jedem einzelnen Punkt konkret werden, lassen wir den Verstand sprechen. Das heißt, wir überprüfen jedes Ziel nach zwei wichtigen Kriterien:

1.) Schaden wir mit diesem Ziel jemandem?
2.) Ist das Ziel realistisch?

Wir sollten niemals ein Ziel auf Kosten anderer anstreben. Wenn wir das tun, wird es uns auf keinen Fall dazu verhelfen, ein ganzheitlich glücklicher Mensch zu werden. Ich denke, das ist logisch und leicht nachvollziehbar.

Schon schwerer wird es, wenn es darum geht zu entscheiden, ob ein Traum bzw. ein Ziel realistisch ist. Da viele Menschen im Zuge des Erwachsenwerdens das Träumen eingestellt haben, empfinden sie es oftmals schon als unrealistisch, sich in den nächsten fünf Jahren zum Beispiel eine Traumreise zu realisieren oder das Traumauto zu kaufen. Doch das ist natürlich alles andere als unrealistisch. Ein kleiner Beweis gefällig?

Sagen wir, dein Traum ist eine Safari in Südafrika gemeinsam mit deiner Frau. Die Reise würde 5000 Euro kosten, du lebst aber sprichwörtlich von der Hand in den Mund, kannst also kein Geld abzweigen. Gehen wir nun

davon aus, dass du vierzig Jahre alt bist und spätestens mit fünfundvierzig Jahren diese Reise machen möchtest. Du hast also fünf Jahre Zeit, um 5000 Euro anzusparen. Pro Jahr 1000 Euro, pro Monat 83,33 Euro, pro Woche rund 20 Euro. Soll ich dir jetzt ein paar Möglichkeiten aufzählen, wie du das zusätzliche Geld verdienen kannst? Du könntest Prospekte austragen oder Flaschen sammeln! Das wäre problemlos machbar. Allerdings ist die Frage dabei: Ist dein Ziel es dir wert? Und wenn ja und du tust es trotzdem nicht, so möchte ich mit dem Autor Larry Winget fragen: Bist du zu dumm, zu faul oder ist es dir einfach egal? Na ...?
Also, setze bei der „vernünftigen" Beurteilung deiner Träume und Ziele den Realitätsmaßstab nicht zu niedrig an! Denk an mich, meine Vergangenheit und meine Ziele.
Als unrealistisch würde ich letztlich nur Spinnereien bezeichnen. Oder Dinge, die grundsätzlich nicht möglich sind. Es gibt ja diesen wunderbaren Ausspruch: „Alles Denkbare ist machbar." Und mit dieser Einstellung sollten wir arbeiten. Nun bist du dran!

Setze dir zu jedem Unterpunkt ein konkretes, greifbares Ziel. Auch dazu gebe ich dir gerne einige Beispiele von mir selbst, um es dir vielleicht etwas einfacher zu machen.

Beginnen wir bei „Ich selbst" mit dem Thema Gesundheit. Oft wird dieses Wort sehr leger verwendet. So nach dem

Motto: „Alles Gute zum Geburtstag, vor allem Gesundheit ..." Interessant wird dieses Thema aber erst dann so richtig, wenn du nicht mehr gesund bist und womöglich auch nicht die Aussicht besteht, jemals wieder gesund zu werden. Ich habe ja darüber berichtet, wie ich mich fühlte, als ich Diabetes bekam. Aber irgendwann nahm ich diese Krankheit an und stellte mir das Ziel, ohne Folgeschäden alt zu werden. Ich informierte mich, was ich dafür alles tun musste, und als Erstes war mir klar: regelmäßige Kontrollen! Das heißt, viermal pro Jahr zum Diabetologen, zweimal pro Jahr zum Augenarzt und einmal pro Jahr zum Nephrologen. Zusätzlich alle vier Wochen medizinische Fußpflege bei einem Podologen. Bist du Diabetiker? Machst du das genauso wie ich? Wenn nein, warum nicht?

Was hier so einfach und logisch klingt, machen weniger als 10 Prozent aller Diabetiker in dieser Intensität. Und das kann ich nicht verstehen. Ich kontrolliere zudem täglich mindestens zehnmal meine Werte, da es nur durch diese ständige Selbstkontrolle möglich ist, seinen Blutzucker so optimal wie möglich zu halten.

Außerdem beschloss ich, meine Ernährung zu kontrollieren und mich viel zu bewegen, wenig Alkohol zu trinken und nur zu besonderen Anlässen mit Genuss zu rauchen.

Meine Stress- und Erholungsparameter im Einklang zu halten war und ist ein weiteres Ziel. Ich arbeite viel und intensiv, aber vor allem sehr gerne. Und ich gönne mir reichlich Urlaub.

Ein weiterer Punkt aus dem Bereich „Ich selbst" ist das Lesen. Lesen ist für mich sehr wichtig. Ich glaube, dass Lesen die einfachste Möglichkeit ist, an seiner eigenen Persönlichkeit zu arbeiten. Doch das habe ich nicht immer so gesehen. In der Schulzeit habe ich kein einziges Buch gelesen. Und auch danach konnte ich mich nicht dafür begeistern. Erst im Jahre 2003, damals war ich dreißig, las ich mein erstes Buch. Ab da las ich ab und zu, aber so richtig platzte der Knoten dann 2005. Ich bekam durch Zufall ein Buch von Motivationstrainer Jürgen Höller in die Finger, das ich jemandem schenken wollte, der gerade mit sich selbst nicht klarkam. Das Buch hatte den Titel „Sprenge Deine Grenzen", und bevor ich das Buch verschenkte, las ich es in zwei Tagen komplett durch. In diesem Buch stand alles, was ich schon immer irgendwie dachte und fühlte. Ich war restlos begeistert und fand tausende Bestätigungen für Dinge, die ich intuitiv schon immer so gemacht hatte.
Von diesem Moment an las ich. In erster Linie Sachbücher, aber gerne auch Biografien erfolgreicher, interessanter Leute. In den letzten elf Jahren habe ich über fünfhundert Bücher gelesen und ich bin überzeugt, dass dies einen sehr großen Anteil an meinem glücklichen Leben hat.

Wenn ich heute in meinen Seminaren den Leuten erzähle, sie sollen täglich lesen, dann bekomme ich sehr oft die Antwort, sie hätten doch keine Zeit. Das ist aber keine Antwort, sondern eine Ausrede! Ich versuche täglich mindestens dreißig Minuten bis eine Stunde zu lesen. Und so erreiche ich mein Ziel von vierzig bis fünfzig Büchern im Jahr.

Kommen wir nun zu dem Bereich „Beziehung/Ehe". Ich war schon als Kind begeistert, wenn ich Paare erlebte, die glücklich wirkten. Wenn ich einmal groß bin, will ich das auch, dachte ich. Ich wurde groß, nur mit der glücklichen Beziehung schien es nichts zu werden. Doch egal wie problematisch und unbefriedigend die Situation auch war, ich gab niemals meinen Traum auf. Und tief in mir drin wusste ich immer: Entweder ich kann die bestehende Beziehung zu einer Traumbeziehung verändern oder ich muss sie beenden und eine andere Beziehung eingehen.
Dabei sollte man niemals vergessen, an sich selbst zu arbeiten. Es macht mich heute oft traurig, wenn ich Paare beobachte und mitbekomme, welche Disharmonie in ihrer Beziehung zu herrschen scheint. Ich denke dann immer: Wenn ihr beide ein wenig an euch arbeiten würdet, wie schön könntet ihr es haben!
Ich habe mein Ziel auch in diesem Bereich geschafft. Nun möchte ich es ausbauen und daran arbeiten, dass es so bleibt.

Ich möchte, dass meine Frau glücklich ist und stolz auf mich sein kann.

Mein nächstes Beispiel ist die Arbeit, der Beruf. Das Wort hat es in sich: BERUFung! Ja, Beruf kommt von Berufung.
Ich wollte nie langfristig etwas arbeiten, was mir keine Freude macht. Ich wollte eines meiner Hobbys zu meinem Beruf machen, dabei etwas Soziales tun und gutes Geld verdienen. Das war mein Ziel und genau das habe ich geschafft.
Du denkst jetzt vielleicht, das ist alles nicht so einfach. Da hast du recht! Das ist es auch nicht! Denk an meine Geschichte. Mein Weg war hart, steinig und oft furchtbar. Ich war von Selbstzweifeln zerrissen und niemand hat an mich geglaubt. Aber ich habe mein Ziel nicht aus den Augen verloren. Und deshalb kannst du das auch! Oder bist du zu faul, zu dumm oder es dir einfach nicht wert? Entscheide selbst!

Das nächste Beispiel ist das Thema „Dienen" bzw. etwas für andere tun. Ich habe schon als Kind Mitgefühl mit Schwächeren gehabt. Das ging so weit, dass mir der Torwart der gegnerischen Mannschaft leid tat, wenn er zu viele Tore reingelassen hat. Da mich meine Eltern christlich erzogen haben, reifte in mir der Gedanke, einen Beruf zu haben, der anderen Menschen, benachteiligten Menschen etwas gibt. Ein schönes Sprichwort sagt: „Der sicherste Weg zu eigenem Glück ist es, anderen dabei zu helfen, glücklich zu sein!"

Und das kann ich nur bestätigen. Mein Ziel war und wird es auch immer sein, anderen zu dienen. Dass ich das mit meinem Beruf tun kann, ist einfach ideal. Aber wir unterstützen auch die Kindernothilfe und andere Organisationen. Und vielleicht gründen wir irgendwann eine eigene Stiftung.

Kommen wir zu dem letzten Bereich, zu „Sonstiges", zu den materiellen Dingen, den Dingen, die mit Sicherheit nicht das Wichtigste im Leben sind, aber ihm eben eine bestimmte Würze verleihen. Ich weiß, dass viele Menschen Geld als etwas Schlechtes sehen. Aber das ist großer Blödsinn. Was soll an Geld schlecht sein? Kann man mit Geld nicht wahnsinnig viel Gutes tun? Ich habe einmal einen Spruch gehört, den ich für mich verinnerlicht habe: „Es ist vor Gott keine Sünde, reich zu sein, aber es ist eine Sünde, reich zu sein, wenn du dabei die Armen vergisst."

An dieser Stelle muss ich anmerken, dass für mich Menschen, die vor dem Gesetz als arm gelten, aber nicht bereit sind, selbst etwas gegen ihre Armut zu tun, nur in einer Hinsicht wirklich arm sind: Sie sind arm an Selbstverantwortung! Boris Grundl, ein großartiger Unternehmer und Seminarreferent und selbst Rollstuhlfahrer, hat einmal gesagt: „Tue niemals für jemanden etwas, was er selbst für sich tun kann. Denn damit hilfst du ihm nicht wirklich, letztlich schadest du ihm mehr!" Und genau das ist meine Einstellung.

Ich wollte mir immer vieles leisten können. Daher habe ich mich auch nie als Angestellter gesehen – meine Verdienstmöglichkeiten wären dann sehr schnell begrenzt gewesen.

Dinge wie ein eigenes Haus waren für mich eine Selbstverständlichkeit, auch ein schönes Auto und die Möglichkeit, viel zu reisen, waren mir sehr wichtig. Genauso war es immer mein Traum, ein eigenes Pferd zu haben. Wenn ich mir diese Dinge nie hätte leisten können und könnte ich das auch in Zukunft nicht, dann wäre ich ein anderer Mensch. Wenn ich mir überlege, wie lange meine Frau und ich, aber auch bereits unsere Kinder, von unseren gemeinsamen Reisen zehren, wird mir bewusst, wie wichtig auch materielle Dinge sind.

Wichtig für mich ist dabei, nicht verschwenderisch zu sein. Ich denke, jeder hat im Leben andere Prioritäten. Ich akzeptiere das auch. Aber nachvollziehen kann ich manches nicht. Wer zum Beispiel ständig shoppen geht, wer das regelrecht braucht, um gute Laune zu bekommen, und daheim bricht der Klamottenschrank fast auseinander, dann fällt es mir schon schwer, das zu verstehen.

So, und jetzt bist du dran! Ich möchte, dass du dir jetzt Zeit nimmst und dein Leben planst. Nun gilt es, jeden Unterbereich deiner Ziele zu konkretisieren. Dabei geht es zunächst um das finale Ziel – was möchtest du in den einzelnen Punkten in deinem Leben erreichen?

Lebensbereich: „Ich selbst"	Hauptziel	Unterziele
………………	………………	………………
	………………	………………
	………………	………………
	………………	………………
	………………	………………
………………	………………	………………
	………………	………………
	………………	………………
	………………	………………
	………………	………………
………………	………………	………………
	………………	………………
	………………	………………
	………………	………………
	………………	………………
………………	………………	………………
	………………	………………
	………………	………………
	………………	………………
	………………	………………
………………	………………	………………
	………………	………………
	………………	………………
	………………	………………
	………………	………………

Lebensbereich: "Beziehung/Ehe"	Hauptziel	Unterziele
....	………………..	…………….......
	………………..	………………..
	………………..	………………..
	………………..	………………..
	………………..	…………….......
....	………………..	…………….......
	………………..	………………..
	………………..	………………..
	………………..	………………..
	………………..	………………..
....	………………..	…………….......
	………………..	………………..
	………………..	………………..
	………………..	………………..
	………………..	………………..
....	………………..	…………….......
	………………..	………………..
	………………..	………………..
	………………..	………………..
	………………..	…………….......
....	………………..	…………….......
	………………..	………………..
	………………..	………………..
	………………..	………………..
	………………..	…………….......

Lebensbereich: „Kinder"	Hauptziel	Unterziele
....	....	....
	....	....
	....	....
	....	....
	....	....
....	....	....
	....	....
	....	....
	....	....
	....	....
....	....	....
	....	....
	....	....
	....	....
	....	....
....	....	....
	....	....
	....	....
	....	....
	....	....
....	....	....
	....	....
	....	....
	....	....
	....	....

Lebensbereich: „Beruf/Karriere"	Hauptziel	Unterziele
....	....	....
	....	....
	....	....
	....	....
	....	....
....	....	....
	....	....
	....	....
	....	....
	....	....
....	....	....
	....	....
	....	....
	....	....
	....	....
....	....	....
	....	....
	....	....
	....	....
	....	....
....	....	....
	....	....
	....	....
	....	....
	....	....

Lebensbereich: „Sonstiges"	Hauptziel	Unterziele
....	....	....
	....	....
	....	....
	....	....
	....	....
....	....	....
	....	....
	....	....
	....	....
	....	....
....	....	....
	....	....
	....	....
	....	....
	....	....
....	....	....
	....	....
	....	....
	....	....
	....	....
....	....	....
	....	....
	....	....
	....	....
	....	....

Wie geht es dir nun? Ich hoffe, du fühlst dich gut und was du vor dir auf dem Papier siehst, motiviert dich!

Das ist natürlich nur der erste Schritt. Später erkläre ich dir noch, wie du mit deinen Zielen weiterarbeiten kannst, wie du sie zu einem machtvollen Instrument machst.

Fast alle Ziele in deinem Leben kannst du erreichen. Ich würde sagen, an die 99,9 Prozent. Aber leider nicht 100 Prozent. Das liegt nicht an vermeintlich unrealistischen Zielen, sondern daran, dass manche Ziele aus Gründen höherer Gewalt nicht erreichbar sind. Nehmen wir zum Beispiel den Kinderwunsch. Manche Paare wünschen sich über alle Maßen ein Baby. Aber Untersuchungen haben vielleicht ergeben, dass sie kein Kind bekommen können. Wenn das der größte Wunsch ist, was dann?

Oder wenn jemand durch Fremdverschulden bei einem Verkehrsunfall schwer verletzt wird und dadurch zum Beispiel für den Rest seines Lebens im Rollstuhl sitzt. Sein Traum war es vielleicht, Leistungssportler zu werden.

Beides sind Situationen, auf die man keinen Einfluss hat. Diese Träume und Ziele können in dem Fall nicht mehr erreicht werden.

In solchen Situationen, so schlimm und erschütternd sie auch sein mögen, hilft nur eines: nach vorn schauen! Du musst es dann schaffen, die Situation anzunehmen und deinen Blick in die Zukunft zu richten. Es ist sinnvoll und nötig, eine gewisse Zeit zu trauern und die Tatsachen zu verarbeiten. Aber dann kann es nur eines geben: das Leben akzeptieren und den Traum neu träumen, das Ziel umformulieren!

Kein eigenes Kind zu bekommen ist für den Moment schlimm. Aber wie viele Kinder auf dieser Welt brauchen deine Hilfe? Und es besteht doch auch die Möglichkeit, ein Kind zu adoptieren. Also, mach den nächsten Schritt! Bedauere dich nicht, sondern werde aktiv!

Und wenn du im Rollstuhl sitzt: Richte dein Leben neu aus. Denke an Leute wie Boris Grundl oder Samuel Koch. Beide haben ihr Leben so angenommen und es zu einem Meisterwerk gemacht.

Und genau das kannst auch du – wenn du es willst! Denn wir wissen ja: Viele haben keine Lust, sind es sich nicht wert oder einfach zu dumm! Bitte gehöre du nicht auch dazu!

Meine Instrumente zum Glück

Ich bin stolz auf dich. Weißt du auch, warum? Zum einen ist es schon einmal etwas Besonderes, dass du an dieser Stelle meines Buches angekommen bist. Denn lediglich 10 Prozent aller Menschen, die ein Buch beginnen, lesen weiter als bis zur Seite 50.

Und zum andern hast du mit den Übungen im vorigen Kapitel den ersten Schritt in die richtige Richtung gemacht, um ein ganzheitlich glücklicher Mensch zu werden.

Ich möchte dir nun die Instrumente vorstellen, die ich angewendet habe, um glücklich zu werden. Anfangs setzte ich sie intuitiv ein, später dann ganz gezielt.

Fakt ist, dass der erste Schritt nicht reicht. Denn nur weil du jetzt weißt, wie dein Traumleben aussieht und was deine Ziele sind, wirst du davon allein nicht glücklich werden.

Unbedingt wünschenswert wäre es, wenn es das Fach „Glücklich leben" in der Schule gäbe. Man muss sich doch einmal darüber im Klaren sein, was unsere Kinder so alles lernen müssen. Darunter viele Dinge, die man im Leben nie wieder braucht. Wie heißt die Hauptstadt von Mosambik? Wie viel Quadratmeter Grundfläche hat Paraguay? Wie viele Einwohner hat Venezuela?

Aber: Wie baue ich mir eine glückliche Zukunft auf? Wie setze ich mir Ziele? Was muss ich tun, um diese Ziele zu erreichen? – Das lernt niemand in der Schule. Und dann wundern wir uns, wenn aus vielen Kindern frustrierte, aggressive und ziellose Teenager werden. Ich glaube, hier wäre dringend ein Umdenken angesagt. Doch natürlich bleibt der Erziehungsauftrag immer bei den Eltern. Sie könnten auch ganz einfach das Unterrichten im Fach „Glücklich leben" übernehmen, dafür sollten sie dann allerdings selbst wissen, wie man nun glücklich wird. Ich bin mir sicher, dass dieses Buch dafür eine gute und solide Grundlage bildet.

Das erste Instrument, *die Zielsetzung*, hast du ja bereits kennengelernt. Sie ist die absolute Grundlage. Ein schönes Sprichwort sagt: „Wer nicht weiß, wohin er will, darf sich nicht wundern, wenn er nie ankommt!" Und genauso ist es. Die Zielsetzungen für unser Leben geben uns in erster Linie den Lebensweg vor. Und das bewusste Genießen dieses Weges macht unser Lebensglück aus.

Dabei ist es normal, dass wir ab und an unsere Ziele ein wenig verändern. Denn unsere Interessen können sich verändern und wir müssen natürlich auf die äußeren Umstände reagieren, auf die Veränderungen in der Welt.

Ich gehe davon aus, dass du alle Übungen im vorherigen Kapitel ausgefüllt hast und damit genau weißt, welche Ziele du hast.

Das zweite wichtige Instrument bei der Erreichung deiner Ziele ist *die Visualisierung*. Solltest du zu den Menschen gehören, die nur an das glauben, was sie sehen, kann es sein, dass es dir zunächst schwerfällt, mir zu folgen. Ich möchte dich aber bitten, das, was dir nicht sofort verständlich ist, nicht gleich abzulehnen. Es ist wichtig, im Leben neuen Dingen gegenüber offen zu sein. Wer das nicht ist, macht sich das Leben unnötig schwer! Denn er wird seinen Horizont niemals erweitern. Und das ist nicht nur schade, sondern es ist die Garantie dazu, im Leben nicht viel zu erreichen und auch nicht glücklich zu werden.

Visualisierung hat etwas mit dem Unterbewusstsein zu tun, dem vielleicht machtvollsten Instrument überhaupt, wenn es darum geht, seiner Konkurrenz bzw. seinen Mitbewerbern einen oder mehrere Schritte voraus zu sein.

Ein einfaches Beispiel dazu: Glaubst du, dass es einen Unterschied macht, wenn ein Kind immer wieder von seinen Eltern, Freunden und Lehrern hört, dass es ein Versager und Nichtsnutz ist – oder dass es ein Alleskönner und Riesentalent ist? Glaubst du nicht, wenn das Tag für Tag, Woche um Woche, Monat für Monat und Jahr für Jahr so ist, dass es letztlich die Entwicklung eines Kindes deutlich beeinflusst? Natürlich tut es das, das ist auch mehr als verständlich. Genauso klar ist, dass ein Boxer, der vor einem Kampf von seinem Trainer hört, dass er sowieso keine Chance hat, den Kampf zu gewinnen, diesen ganz sicher auch nicht gewinnen wird. Jeder gute Sportler und viele erfolgreiche Geschäftsleute arbeiten inzwischen mit einem Mentaltrainer zusammen. Und dieser tut nichts anderes, als das Unterbewusstsein seiner Klienten zu schulen.

Die Macht des Unterbewusstseins ist schier unendlich. Einstein sprach davon, dass 90 Prozent des gesamten menschlichen Seins das Unterbewusstsein und nur 10 Prozent das Bewusstsein seien. Letztlich steuert unser Unterbewusstsein unsere Handlungen. Ob man das will oder nicht!

Es ist also ganz klar klüger, auf sein Unterbewusstsein zu achten. Auf das eigene genauso wie beispielsweise auf das unserer Kinder. Ihr Unterbewusstsein bildet sich langsam heran. Und deshalb ist es wichtig, dass wir Erwachsenen, wir Eltern, sie dabei unterstützen, ein positives und hilfreiches Unterbewusstsein auszubilden. Sage deshalb niemals zu deinen Kindern Sätze wie: „Du kannst das nicht!", „Dafür bist du zu klein!", „Dafür bist du zu schwach!", „Das schaffst du nie!", „Höre auf zu träumen!" Sätze wie diese zerstören letztlich unsere Kinder. Ihnen wird suggeriert, sie seien minderwertig und schwach. Und diese Botschaft setzt sich womöglich für immer in ihrem Unterbewusstsein fest. Sie wird zu ihrem Charakter. Und damit ist ihre Denkweise schlimmstenfalls für ihr gesamtes Leben festgelegt.

Ich möchte dir empfehlen, gleich wenn du mit diesem Buch

fertig bist, ein Buch über das Unterbewusstsein zu lesen. Im letzten Kapitel meines Buches stelle ich dir kurz ein paar geeignete Bücher vor.

Wie du weißt, möchte ich dir meine Werkzeuge, meine Instrumente zum Glück erklären. Und da sind einige aus dem Reich des Unterbewusstseins dabei. So wie das nächste: das Visualisieren auf dein Ziel. Visualisieren mit Worten, Bildern und Gedanken.

Was ist visualisieren? In dem Wort steckt das Wort „Vision". Eine Vision ist ein Traum, ein Ziel. Dein Ziel! Ein Einzelziel, dein Lebensziel! Visualisieren heißt nun, sich dieses Ziel vorzustellen, als wäre es bereits Realität. Und das täglich, ständig, immer wieder. So oft, wie es geht.

Nehmen wir an, dein Ziel ist es, eine Safari durch Afrika zu machen. *Visualisieren in Gedanken* heißt nun, sich regelmäßig, am besten immer in den gleichen Situationen, diese Reise vorzustellen. Dabei ist es wichtig, dass du mittendrin bist. Stelle dir jede Einzelheit so genau wie möglich vor. Rieche die Luft, fühle die Sonne, schmecke den Wein, höre den Jeep, sieh die Natur. Sei in dem Moment. Erlebe die Reise!

Visualisieren in Bildern heißt, sich zum Beispiel eine Zielbildcollage zu basteln. Das kann man auch bereits wunderbar mit Kindern machen. Schneide aus Zeitungen viele kleine Bilder aus. Alles, was du dir für deine Reise vorstellst. Und vor allem: dich mittendrin. Und das Wichtigste: Hänge dieses Bild irgendwo auf, wo du es ständig siehst!

Visualisieren in Worten heißt: Suggestion. Setze dich dazu hin und schreibe dir deine Vision in der „Jetzt-Form" auf: Ich bin in Südafrika zu meiner Traumreise, zu einer Safari. Wir haben traumhaftes Wetter und genießen jeden Tag ... Diesen Text liest du nun immer wieder zur gleichen Zeit, mehrmals am Tag. Es wird nicht lange dauern, dann wirst du diesen Text auswendig können. Mache immer weiter, so lange, bis du dein Ziel umgesetzt hast.

Diese Visualisierungstechniken werden dir bei der Erfüllung deiner Ziele helfen. Sie richten dein Unterbewusstsein entsprechend aus und helfen dir dabei, dein Ziel nicht aus den Augen zu verlieren.

Ich kann dir aus eigener Erfahrung sagen, wie toll das funktioniert. Ich habe für mein gesamtes Leben eine Suggestion aufgeschrieben. Als ich damit begann, sie täglich zu sprechen, hörte sich das sehr unrealistisch an. Aber im Laufe der Zeit ist alles Realität geworden. Ich muss sogar ab und an meine Suggestion „pimpen", damit sie mich weiter motiviert und antreibt.

Das nächste Instrument zum Glück ist ein besonders einfaches, das jedoch erstaunlicherweise nicht jedermanns Sache ist. Es handelt sich um drei wunderbar aneinandergereihte Buchstaben: T+U+N = TUN! Oder anders formuliert: *Arbeiten!* Rackern! Klotzen! Schuften! Und das so richtig hart. Tag für Tag, Woche für Woche, Monat um Monat, Jahr für Jahr. Jeden Tag, mehr als acht Stunden! Deutlich mehr! Und das so lange, bis du es dir leisten kannst, dich ab und an auf deiner soliden Basis auszuruhen. Als ich mit meiner Selbstständigkeit begann, arbeitete ich sprichwörtlich Tag und Nacht. Tagsüber für meine Selbstständigkeit, in der Nacht für meinen Vater als Kurier, um Geld zum Leben zu haben. Denn die Selbstständigkeit brachte am Anfang ja noch nichts ein. Meine Nachtruhe hatte ich eine lange Zeit nur von 22 bis 2 Uhr.

Aber auch später arbeitete ich sieben Tage die Woche mindestens zwölf Stunden täglich. Und auch heute noch scheue ich mich nicht davor, richtig ranzuklotzen. Da ich immer wusste, wofür ich es tue, und da ich liebe, was ich tue, fällt mir das nicht schwer.

Ich möchte dir eine Geschichte erzählen, die dir beweisen soll, dass harte Arbeit oft den Unterschied macht. Und dass man durch harte Arbeit sogar talentiertere, aber faulere Kontrahenten ausstechen kann.

Sportscouts sichteten Tennistalente. Sie beobachteten einen zehnjährigen Jungen. Nach einigen Minuten fällten sie ihr Urteil: nicht förderungswürdig! Doch sie gingen nicht weiter. Denn irgendetwas an dem Jungen faszinierte sie. Wie ein Verrückter kämpfte er und gab keinen Ball auf. Deshalb beobachteten sie ihn weiter und nach einigen Minuten änderten sie ihr Urteil: förderungswürdig. Sieben Jahre später gewann er zum ersten Mal Wimbledon. Sein Name: Boris Becker!

Es war schon immer so und es wird auch immer so bleiben: Vor den Lohn hat der liebe Gott die Arbeit gestellt. Und ich möchte dich davor warnen, dich von irgendwelchen Ausnahmestorys, in denen Menschen ohne viel zu arbeiten glücklich und reich wurden, beeinflussen zu lassen. Wenn es diese Menschen überhaupt gibt, dann sind sie sehr, sehr, sehr, sehr selten.

Natürlich ist es nicht klug, einfach wie ein Verrückter draufloszuarbeiten. Es ist wichtig, die Effektivität nicht aus den Augen zu verlieren. Am besten, du beherzigst die goldene Regel: Erst denken, dann handeln.

Denn wer sprichwörtlich wie der Blitz losrennt, aber nach einigen Stunden merkt, dass er in die falsche Richtung gerannt ist, hat nicht viel erreicht.

Ich glaube, dass die meisten Menschen heute einfach zu faul und zu bequem sind. Und zu der Faulheit und Bequemlichkeit kommt auch noch eine große Portion Dummheit. Ich bin heute dreiundvierzig Jahre alt, mein Vater ist 1937 geboren. Ich höre mir gerne seine alten Geschichten an. Genauso gerne hörte ich mir die Geschichten meiner Großväter an. Es ist unglaublich, wie sehr sich innerhalb weniger Generationen die Denkweise und die Lebenseinstellung der Menschen geändert haben. Während es früher völlig normal war ranzuklotzen, um sich und seiner Familie eine bessere Zukunft zu ermöglichen, scheint es heute völlig normal zu sein, als Erstes abzuklären, wo man auf Kosten anderer, und sei der andere der Staat, irgendwelche Leistungen erhalten kann.

Sehr traurig! Und ich kann dir eines versprechen: Eine solche Lebenseinstellung wird dich niemals zu einem erfolgreichen und vor allem glücklichen Menschen machen. Denn selbst wenn du dir mit dieser Taktik ein paar Dinge leisten kannst, wirst du auf diese Dinge tief in deinem Inneren nicht wirklich stolz sein.

Stelle dir vor, zehn gesunde Wölfe gehören zu einem Rudel, aber nur drei davon gehen auf die Jagd. Die sieben anderen liegen faul herum und warten, bis die jagenden Wölfe nach Hause kommen. Kommen diese dann, beschweren die faulen Wölfe sich darüber, dass es so lange gedauert hat und dass ihnen die Beute nicht gefällt. Sie bekommen dennoch ihren Anteil. Danach liegen sie da, beobachten die drei Jäger und schimpfen, dass diese die besten Beutestücke selbst behalten hätten. Sie beklagen sich über die Ungerechtigkeit und lästern über sie. Und sie wirken dabei so unglücklich ...

Aber so ist wohl das Leben!

Die Einstellung, ein Leben lang zu *lernen* und nie zu denken, jetzt bin ich fertig damit und weiß alles, was ich brauche, ist das nächste meiner ganz persönlichen Instrumente zum Glück.

Ich halte es für verwerflich, wenn Menschen glauben, sie würden alles wissen und bräuchten nichts mehr zu lernen. Sie denken, dass sie nach der Beendigung der Schule fertig wären mit dem Lernen. Fortan lassen sie überall ihre Beratungsresistenz heraushängen. Denn sie wissen ja alles.

Ich war vor einiger Zeit zu einem Klassentreffen, und da konnte man das ganz genau beobachten. Ein Teil der Leute, die ich inzwischen mehr als fünfundzwanzig Jahre nicht mehr gesehen hatte, wirkten haargenau so, wie ich sie in Erinnerung hatte. Und ich meine nicht optisch! Nein, ich meine ihre Ausstrahlung, die sich auf ihrem Charakter und ihrem Wissen aufbaut: Diese Leute hatten im Großen und Ganzen in den letzten fünfundzwanzig Jahren nichts dazugelernt. Und einige andere haben mich total begeistert. Sie haben mich geflasht. Denn man merkte ihnen an, wie sie sich verändert und entwickelt haben. Einfach großartig!

Viele Menschen behaupten, dass wir im Zeitalter des Wissens leben. Und dass sich aktuell das Wissen der Menschheit in allen Bereichen aller drei Jahre verdoppelt! Weißt du, was das heißt? Das heißt, wenn du nur für drei Jahre nichts dazulernst, egal ob bei deiner Arbeit, deinem Hobby oder anderen Dingen in deinem Leben, bist du heute nur noch halb so schlau wie vor drei Jahren! Unglaublich, oder? Unglaublich, aber wahr!

Und dass es so ist, kannst du jeden Tag überall auf der Welt erleben. Überall, wo du hinsiehst, sind Menschen, die mit einem oder mehreren Bereichen ihres Lebens nicht klarkommen. Denn sie haben nicht genug Wissen, um ihre Probleme zu lösen. Egal ob beruflich oder privat: Wissen ist Macht! Wer in vielen Lebensbereichen ein hohes Wissen anhäuft, kommt am besten durchs Leben. Für mich persönlich bedeutet das eine ständige Weiterentwicklung in folgenden Bereichen: Persönlichkeitsentwicklung mit all ihren Facetten, Beziehung, Erziehung, Hunde, Pferde, Marketing, alles zum Thema Augen und Erblindung, Diabetes, Spiritualität und Lifestyle. Bei diesen Themen ist es für mich wichtig, immer im Bilde, immer auf dem neuesten Stand zu sein.

Wie mache ich das? Und wie kannst du das machen? Ganz einfach:

1.) Lies Sachbücher!

Ja, lies! Jeden Tag mindestens dreißig Minuten. Dafür hast du Zeit, jeder Mensch hat Tag für Tag vierundzwanzig Stunden neue Zeit. Man könnte auch sagen, dass Zeit die am gleichmäßigsten und fairsten verteilte Ressource auf unserem Planeten ist. Nur gehen wir alle sehr unterschiedlich mit ihr um. Die einen nutzen sie, die anderen vertreiben sie sich oder schlagen sie schlimmstenfalls tot. Es ist alles eine Frage der Planung und des Willens. Wenn du willst und du täglich dreißig Minuten liest, sind das 3,5 Stunden pro Woche und rund fünfzehn Stunden pro Monat. Bei normaler Lesegeschwindigkeit liest du ein Buch im Monat, zwölf Bücher im Jahr. In zehn Jahren sind das hundertzwanzig Bücher. Hundertzwanzig Bücher über das neueste Wissen in allen für dich wichtigen Bereichen. Und du glaubst nicht, dass genau das den Unterschied zwischen dir und deinen Konkurrenten ausmachen kann? Ich sage dir etwas. Ich habe in den letzten zehn Jahren an die fünfhundert Bücher gelesen. Und diesen Büchern verdanke ich einen Großteil meiner geschäftlichen Ideen. Ständig neue fachliche Anregungen in meinem Fachgebiet. Die Qualität meiner Ehe, die ich heute führe. Das einmalige Verhältnis zu meinen Kindern. Die Übersicht über meine Finanzen. Einen großen Teil meiner Persönlichkeit und Ausstrahlung ...

2.) Höre Sach-Hörbücher!
Ich fahre sehr viel Auto. Dabei habe ich tausendmal festgestellt, dass Radiohören so ziemlich das Schlimmste ist, womit man sich bestrafen kann. Den ganzen Tag die gleichen Nachrichten, die gleichen Sprüche und die gleiche Musik. Einfach furchtbar! Daher habe ich mir angewöhnt, einen Teil meiner Fahrzeit damit zu bereichern, Hörbücher zu für mich interessanten Themen anzuhören.

Fast alle Bücher gibt es heute auch als Hörbücher. Also, dich erwarten die gleichen Vorteile wie beim Lesen. Worauf noch warten?

3.) Besuche Seminare!

Bei einem Seminar kannst du über Stunden, einen Tag oder über mehrere Tage hinweg Wissen hautnah erleben und gemeinsam mit Gleichgesinnten aufsaugen. Ich habe für mich und meine Mitarbeiter in den letzten zehn Jahren einen unglaublichen Betrag für Weiterbildung, für Seminare ausgegeben. Denn ein gutes Seminar kann schon mal einige tausend Euro kosten. Doch warum kostet es so viel? Und warum geben einige wenige Leute so viel Geld dafür aus? Weil es einen vielfachen Nutzen bringt! Wenn einer der besten Rhetoriker Europas ein Rhetorikseminar hält, habe ich anschließend sehr viel gelernt. Und wenn ich es wirklich will, kann ich mich in der Folge auch besser ausdrücken als meine Konkurrenten. Und genauso ist es mit allen anderen Bereichen auch. Überleg also, was dich interessiert, wo du besser werden willst, wer der Beste in diesem Fach ist. Informiere dich, wo er auftritt, was es kostet. Und nun lege los ... Oder gehörst du zu denen, die bereits alles wissen, aber weil sie immer Pech haben und ungerecht behandelt werden, erfolglos sind, so ganz ohne eigene Schuld? Mein Tipp: Besuche mindestens ein Seminar im Quartal!

4.) Suche dir einen persönlichen Trainer!

Der beste und vielleicht auch einfachste Weg ist, sich für einen bestimmten Bereich einen persönlichen Trainer zu suchen. Das muss nicht wirklich ein professioneller Trainer sein. Es kann auch eine Person sein, die in dem Bereich, in dem du wachsen, besser werden möchtest, Höchstleistungen erzielt. Du möchtest irgendwann Millionär sein? Dann suche dir einen Millionär als Trainer! Du möchtest eine glückliche Beziehung? Dann suche dir einen Mann oder eine Frau, der oder die eine glückliche Beziehung hat! Du möchtest anderen Menschen helfen? Dann suche dir jemanden aus, der das in etwa so macht, wie du es tun möchtest! Du möchtest ein erfolgreicher Unternehmer werden? Dann suche dir einen Unternehmer aus, der das verkörpert und geschafft hat, was du erreichen willst! Du willst irgendwann einen Marathon laufen? Dann suche dir eine Person in deinem Alter, die Marathons läuft. Und dann nerve so lange mit allen Mitteln und Möglichkeiten, bis du einen Termin mit dieser Person in der Tasche hast. Und wenn es dann so weit ist, stelle die alles entscheidenden Fragen: Was ist der Schlüssel zu deinem Erfolg? Würdest du mich unterstützen bei meinem persönlichen Erfolgsweg? Wenn du es wirklich ernst meinst, findest du in vielen Fällen bereits beim ersten Versuch deinen persönlichen Trainer. Versuche, dich regelmäßig mit ihm zu treffen. Vor allem aber: Setze seine Tipps um! Am intensivsten die, welche dir weh tun!

So, jetzt bist du am Zug! Wenn du einmal damit begonnen hast, für dich zu lernen, was für dich wichtig ist, wird es wie eine Droge für dich und du kannst gar nicht mehr damit aufhören. Du wirst sehen, du wirst immer besser und besser und besser ...

Ein weiteres meiner Instrumente zum Glück ist *die Dankbarkeit!* Meine Meinung dazu: Menschen sind erfolglos, wenn sie unsozial handeln und undankbar sind.

Alles, was ich habe, ist selbstverständlich und alles, was ich nicht habe, ist eine riesengroße Sauerei – so denken viele Menschen. „Undank ist der Welt Lohn", heißt es, und genauso scheint es zu sein. Aber warum ist das so? Warum sind so viele Menschen so unvorstellbar undankbar?
Ich bin überzeugt, dass viel von diesem Verhalten in der Kindheit entsteht. Durch das, was uns unsere Eltern und Großeltern erzählen und vorleben. Ich bin auch hier meinen Eltern und Großeltern unendlich dankbar, dass sie mir gezeigt haben, dass nichts, aber auch gar nichts auf dieser Welt selbstverständlich ist.
Weißt du, was das Ventil der Undankbarkeit ist? Ganz einfach, das Jammern! In Deutschland geht es den Menschen

durchschnittlich besser als 99 Prozent der Weltbevölkerung. Und dennoch sagt das „Jammerbarometer", dass in keinem Land der Welt mehr gejammert, gewinselt, gemeckert und geklagt wird als in Deutschland. Warum ist das so? Weil in Deutschland die undankbarsten Menschen der ganzen Welt leben!

Ich habe als Kind von meinem Großvater gelernt: Was du in deinem Leben aus einer Sache herausbekommst, wird nie größer sein als das, was du in diese Sache investierst. Oder kurz gesagt: Der Output wird niemals größer sein als der Input!
Weil ich diese einfache und wie ich finde logische Regel beachte, erwarte ich nichts, bevor ich etwas gegeben habe. Durch dieses Verhalten werde ich niemals undankbar sein.
Ich möchte das etwas genauer erklären. Ich lebe nach der festen Überzeugung, dass mir nichts zusteht, wenn ich nichts gebe. Weder von meinem Partner noch von jemandem sonst und auf gar keinen Fall vom Staat! Wieso glauben Menschen, dass ihnen etwas zusteht, obwohl sie nie etwas gegeben haben? Glauben diese Menschen, sie leben im Schlaraffenland? Wo kommt denn das, was sie haben möchten, her? Dennoch ist dieser Staat so aufgebaut, dass jedem eine Grundsicherung zusteht! Jeder kann überleben, kann essen, kann wohnen, kann lebenssichernde Leistungen in Anspruch nehmen! Aber sind die Menschen deshalb

dankbar? Nein, sind sie nicht! Denn sie sind in der Regel der Meinung, dass ihnen noch mehr zusteht. Wie die faulen Wölfe, von denen ich oben erzählte.

Aber wieso um alles in der Welt ticken Menschen so? Woher haben sie die Überzeugung, nehmen zu können, ohne zu geben? Wieso erwarten Menschen von ihrem Partner und von ihren Kindern mehr, als sie ihnen geben? Von ihren Chefs, ihren Angestellten, ihrem Hund? Warum erwarten sie von einem Produkt mehr, als sie bezahlen? Ganz einfach! Weil diese Menschen als Kinder nicht das gelernt haben, was mir mein Opa erklärt hat! Oder, mit anderen Worten: Weil es ihnen von klein auf zu gut gegangen ist! Weil sie zu satt sind! Weil sie nie das Leben von seiner harten Seite kennengelernt haben. Weil sie inkonsequent erzogen wurden.

Deshalb mein Appell:
1.) Überdenke deine Denkweise in dieser Hinsicht!
2.) Erkläre sie anschließend deinen Kindern!

Denn wenn uns hier nicht bald ein Wandel gelingt, gehen wir tatsächlich schweren Zeiten entgegen. Die Schere zwischen Arm und Reich klafft immer weiter auseinander! Immer weniger Menschen „sorgen" für immer mehr Menschen! Nimm dir Zeit und denke darüber nach, warum das so ist.

Dass die Reichen reicher und die Armen ärmer werden, liegt nicht an den Reichen. Es liegt nicht am Zufall oder an den Umständen.

Sondern daran, dass zu viele Menschen undankbar sind. Dass sie nicht gelernt haben, erst zu geben und dann zu nehmen, und infolge dieser Grundeinstellung arm sind.

Dass du auf der Welt bist, dass du gesund bist, dass du ein Haus oder eine Wohnung hast, dass du Kinder hast, Freunde, Eltern, einen Partner, einen Beruf, dass die Sonne scheint und es regnet, dass du Geld hast und wenn du Hunger hast, einfach einkaufen gehen kannst, ja nicht einmal dass du atmen kannst, ist selbstverständlich!

Hör auf, nur zu nehmen! Und ich verspreche dir, dass du in dem Moment, in dem du diese Sichtweise änderst, ein dankbarer Mensch wirst. Aber damit nicht genug. Du wirst als Folge deiner Dankbarkeit Menschen anziehen, du wirst sozialer, du wirst dich am Glück anderer erfreuen und als Resultat wirst du glücklicher und erfolgreicher sein. Darauf gebe ich dir mein Wort!

Es ist an der Zeit, wieder mehr Danke zu sagen. Sich auf die 90 Prozent Positives zu beziehen, das man Tag für Tag erlebt. Wer all seine Aufmerksamkeit auf das Negative richtet, ist ein armes Würstchen und tut mir leid!

Wie oft sind kranke Menschen dankbarer als du? Menschen, die viel weniger besitzen. Menschen, die harte Schicksalsschläge einstecken mussten. Oder gar Menschen in armen Ländern, die glücklich und dankbar sind für einen Tag, an dem sie für sich und ihre Familie Nahrung haben. Und du jammerst, dass das Benzin zu teuer ist und der Winterdienst bis 6 Uhr nicht alle Straßen geräumt hat. Kommst du dir da nicht albern vor?

Ich beginne jeden Tag damit, daran zu denken, wofür ich grundsätzlich dankbar sein kann. Und worauf ich mich heute besonders freuen kann. Und ich beende jeden Tag mit einem Gebet, in dem ich meine Dankbarkeit zum Ausdruck bringe. Dankbarkeit für alles Große und Kleine, das mir an diesem Tag geschehen ist. Dieses Gebet bete ich auch mit meinen Kindern. Sie liegen am Abend in ihren Betten und beschließen den Tag voller Dankbarkeit in ihren kleinen Herzen.

Ich möchte dir vorschlagen, das ebenfalls zu tun. Diese Übungen dauern nicht lange, aber sie helfen dir, dein Leben mit anderen Augen zu sehen.

Das nächste meiner Instrumente zum Glück ist *das Dienen*. Dienen bedeutet, etwas für andere zu tun. Ganz simpel. Und das grundsätzlich, ohne eine Gegenleistung zu erwarten.

Anderen zu dienen ist eine Lebenseinstellung. Es geht nicht darum, sich in irgendeiner Art und Weise ausnutzen zu lassen. Auf keinen Fall! Es geht darum, nicht erst für jemanden etwas zu tun, wenn der andere den ersten Schritt gemacht hat – sondern selbst den ersten Schritt zu machen.

Einige Beispiele dazu. Beginnen wir in der Familie, mit dem Partner. Glaubst du, dass dich dein Partner noch mehr liebt und dass es deiner Ehe/Beziehung gut tun würde, wenn du dich täglich fragen würdest: Womit kann ich meinen Partner überraschen bzw. ihm eine Freude machen? Es gibt für deinen Partner nichts Größeres, als wenn er merkt, dass du dich wirklich für sein Leben interessierst, dass du für ihn da bist und an seiner Freude, vor allem aber an seiner Entwicklung, Anteil nimmst. Aber bitte verstehe mich nicht falsch. Ich spreche nicht davon, sich zum Affen zu machen, sich ausnutzen zu lassen oder sich zu verbiegen. Ich spreche von Liebe, Respekt und ehrlichem Interesse am Partner. Ich spreche davon, seinen Partner realistisch zu betrachten und ihm vorbehaltlos zu geben, zu dienen.

Genauso sehe ich die Beziehung zu meinen Kindern. Heute, aber auch langfristig für die Zukunft. Und genauso erziehe ich sie auch. Wenn diese Erziehung gut ist und irgendwann Früchte trägt, werden meine Kinder das genauso weiterleben. Vielleicht kommt dann irgendwann die Zeit, wo nicht mehr ich ihnen diene, ja, dienen kann. Aber sie mir mein Dienen zurückgeben.

Wenn ich vom Dienen an unseren Kindern spreche, möchte ich unbedingt erwähnen, dass meiner Meinung nach der größte Dienst für sie eine konsequente Erziehung ist. Konsequenz ist das A und O. Wenn wir das unseren Kindern nicht vorleben und vermitteln, werden sie irgendwann im

Leben mit Sicherheit große Probleme bekommen. Denn eins steht fest: Das Leben ist konsequent!

Aber was ist Konsequenz überhaupt? Konsequenz bedeutet, dass eine bestimmte Handlung irgendeine Reaktion auslöst. Wenn ich jemanden kneife, spürt er einen leichten Schmerz. Wenn ich mit dem Auto gegen einen Baum fahre, ist das Auto kaputt und unter Umständen sind die Insassen des Autos verletzt. Wenn ich nicht pünktlich aus dem Haus gehe, komme ich zu spät an. Wenn ich anderen gegenüber unfair bin, kann ich nicht mit ihrer Fairness rechnen. Genau das, nicht mehr und nicht weniger, ist Konsequenz. Wenn ich nun aber meine Kinder inkonsequent erziehe, ihnen beibringe, dass ihr Handeln keine Folgen auslöst, denken sie, dass es im Leben immer so weitergeht. Das wird es aber nicht! Diese Kinder bekommen mit zunehmendem Alter, je aktiver sie am Leben teilnehmen, je weniger sie unter dem direkten Einfluss ihrer inkonsequenten Eltern stehen, immer mehr Probleme. In der Schule mit dem Lehrer, auf Arbeit mit den Vorgesetzten, mit Freunden oder dem Partner und nicht selten auch mit dem Gesetz. Deshalb ist es ein wichtiger Dienst an unseren Kindern, sie konsequent zu erziehen.

Ich diene auch in meinem Beruf. Das gilt grundsätzlich, aber spätestens ab dem Moment, da ich für jemanden etwas tue, was er mir nicht bezahlt. Ich halte das für sehr wichtig. Zwar lebe ich von meiner Arbeit, empfinde es aber als äußerst unangenehm, wenn ich merke, dass jemand anderes seine Arbeit wirklich ausschließlich des Geldes wegen macht und, sobald er auch nur das Geringste geben soll, ohne es bezahlt zu bekommen, sofort abbricht. Es macht einen großen Unterschied für deine Kunden aus, wenn sie merken, dass du wirklich an ihnen interessiert bist – und nicht nur an ihrem Geld.

Ich zum Beispiel würde dort, wo ich merke, es geht nur um mein Geld, keinen Cent ausgeben, ob in einem Restaurant, Autohaus, Reisebüro oder einem beliebigen Geschäft.

Die Einstellung zum Dienen sollte man auch im Alltag nach außen tragen, in den kleinen Dingen und Momenten des Lebens. Halte ich jemandem die Türe auf? Frage ich jemanden, ob ich ihm helfen kann? Höre ich auch einmal zu? Bin ich bereit, andere zu unterstützen?

Natürlich ist es auch im sozialen Bereich wichtig zu dienen. Den Menschen, denen es schlechter geht als uns! Egal ob das Kranke, Alte, Behinderte oder Flüchtlinge sind. Diese Menschen brauchen unsere Hilfe, ihnen muss man dienen!

Und du wirst merken, wenn du beginnst, völlig uneigennützig etwas für andere zu tun, wird es dein Herz mit Freude erfüllen. Ein tolles Gefühl. Ein Gefühl, das ich jedem gönne, Tag für Tag.

Das vorletzte Glücksinstrument ist *die Kreativität*. Kreativität macht für mich den Unterschied zwischen „nur so dahinleben" und „bewusst leben" aus. Zwischen durchschnittlich und überdurchschnittlich. Zwischen 08/15 und Oberklasse.

Durch Kreativität bekommt alles, was du tust und denkst, etwas Besonderes.

Wikipedia definiert Kreativität wie folgt: Sie ist „allgemein die Fähigkeit, etwas vorher nicht da gewesenes, originelles und beständiges Neues zu kreieren".

Ich bin der Meinung, dass eine große Portion Kreativität dich beinahe in allem, was du tust, herausragend macht. Ein kreativer Liebhaber oder Ehemann wird seine Frau mit Sicherheit glücklicher machen als ein weniger kreativer. Glaubst du mir das, lieber männlicher Leser? Wenn nicht, schlage ich vor, du legst dieses Buch jetzt einmal für fünf Minuten zur Seite und fragst deine Frau …

Willst du dich selbstständig machen, wirst du mit einer großen Portion Kreativität eine gute Geschäftsidee entwickeln. Ein kreativer Unternehmer wird mit Sicherheit bessere und einmaligere Produkte entwickeln als einer, der weniger kreativ ist.

Kreativität bei der Urlaubsplanung kann zu unvergesslich schönen Urlaubserlebnissen führen.

Im Fußball sind die sogenannten „Kreativspieler" die gefragtesten Spieler überhaupt. Sie tun im Spiel Dinge, mit denen keiner in irgendeiner Weise gerechnet hätte.

Möchtest du jemandem etwas schenken, hält Kreativität dich davon ab, genau das zu schenken, was alle anderen schenken.

Du siehst, Kreativität ist mehr als nur das Salz in der Suppe. Kreativität trennt nicht selten die Spreu vom Weizen!

Und es scheint leider nicht eben viele wirklich herausragend kreative Menschen zu geben. Ich habe sogar das Gefühl, dass es mit der Kreativität so ist wie mit den großen Träumen. Kinder haben Träume und es mangelt ihnen gewiss nicht an Kreativität. Doch im Zuge des Erwachsenwerdens zerplatzen die Träume und mit ihnen auch irgendwie die Kreativität.

Doch wie kommt das? Ich denke, wir Erwachsenen sind daran schuld, denn wir sorgen durch unsere Erziehung, durch unsere Forderungen und vor allem durch unser Vorbild dafür, dass dem Träumen und dem Kreativsein kein Raum gelassen wird. Nur wenn wir uns darüber bewusst sind und uns anders verhalten, können wir das ändern. Sätze wie: „Hör auf, ständig zu träumen!", „Lieber den Spatz in der Hand als die Taube auf dem Dach!", „Schlag dir das aus dem Kopf!", „Das kannst du nicht!" sorgen für das Absterben jeglicher Kreativität.

Wie kannst du deine Kreativität trainieren? Wenn du über etwas nachdenkst, dann verbiete dir selbst zunächst, die Ideen zu werten, die dir in den Kopf kommen. Frage dich, was du unbedingt einmal machen möchtest. Schaue dir Arbeiten von Menschen an, die Mcister der Kreativität sind, und lasse dich von ihnen inspirieren. Lade kreative Menschen beispielsweise zum Essen ein und unterhalte dich mit ihnen.

All das sind kleine Schritte. Kleine Schritte auf dem Weg zu mehr Kreativität – auf dem Weg zu deinem Glück.

Kommen wir nun zu meinem letzten Instrument: zur *Motivation!* „Du kannst nur in anderen entzünden, was in dir selber brennt", dieser Spruch drückt treffend sehr viel Wahres aus.

In meinen „Hundeseminaren" erkläre ich immer einen wesentlichen, lustig klingenden, aber eben sehr wahren Unterschied zwischen Hunden und Menschen: Wenn Hunde morgens erwachen und sich strecken, dann spüren sie, wie neue geistige und körperliche Energie ihren Körper durchflutet. Wenn die meisten Menschen morgens erwachen, dann spüren sie: nichts!

Ich habe ja bereits erwähnt, was ich von sogenannten Morgenmuffeln halte. Das sind Menschen, die ein großes Problem haben, das sich Antriebsschwäche nennt. Oder anders ausgedrückt: Motivationslosigkeit. Wenn es etwas gäbe, wofür sie brennen, würde dies die Motivation sein, um nicht mit einem dummen Gesicht und einem Null-Bock-Gefühl in den Tag zu starten. Ich erinnere mich an einen Mitarbeiter, der morgens auf Arbeit kam und immer gähnte. Nach einiger Zeit habe ich ihm erklärt, dass dieses Gähnen für mich seine Arbeitseinstellung zum Ausdruck bringe und dass er sich einen anderen Job suchen solle, wenn er keine Lust hätte, bei mir zu arbeiten.

Ganz ehrlich, ich kann Motivationsarmut nicht leiden und damit wirklich nur schwer umgehen.

Ein weiteres Beispiel aus der Hundeausbildung: Alle Hundehalter möchten ja einen Hund haben, der sofort kommt, wenn er gerufen wird. Die meisten Hundehalter denken, das funktioniert wie bei einem Computer. Ich spiele ein Programm auf und wenn ich eine Taste drücke, erhalte ich das gewünschte Resultat. Dem Computer ist es völlig egal, ob ich, während ich die Taste drücke, voller Emotionen und Lebensfreude bin oder „wie eine Flasche leer". Nur gibt es einen Unterschied zwischen Computern und Hunden. Der Hund lebt! Und daher befolgt er nicht gehorsam alle Anweisungen, sondern interessiert sich für den, der die Anweisungen gibt, und hinterfragt diese Person. Hält er die Person für wenig interessant, wird er auch nicht motiviert sein, auf dem schnellsten Weg zu ihr zu kommen. Insofern spiegeln Hunde wunderbar ihren Halter und können durchaus als ernst zu nehmender Gradmesser des Charakters ihres Halters gelten.

Wenn man von Motivation spricht, sollte man sich darüber im Klaren sein, dass man sie nicht einfach erlernen kann. Motivation ist etwas anderes als Fahrradfahren oder Schwimmen. Die Ursache dafür, ob jemand motiviert ist oder eben nicht, sitzt tiefer. Die Ursache ist aber letztlich logisch und ganz einfach zu erklären: Lebst du deinen Traum, bist du motiviert und voller Elan.

Hast du keinen Traum, hast du auch keinen Antrieb. Du bist ohne Motivation. Und das ist in allen Bereichen deines Lebens so. Wenn es dir vor deinem Job graut, wirst du nicht am Morgen voller Freude aus dem Bett springen. Graut es dir vor deinem Partner, wirst du nicht darüber nachdenken, wie du ihm eine Freude machen kannst. Hast du kein Hobby, das dich fasziniert, wirst du nach der Arbeit genauso mies drauf sein wie vor der Arbeit.

Wenn du jetzt feststellen musst: Ja, mir fehlt bei bestimmten Dingen die Motivation, gibt es nur zwei Möglichkeiten. Entweder du findest dich mit dieser Tatsache ab oder du änderst den einen oder anderen Lebensbereich! Ich schlage dir unbedingt Letzteres vor!

Nun kennst du meine Instrumente zum Glück. Damit du mit ihnen besser für dich und dein ganz persönliches Glück arbeiten kannst, habe ich die folgende Tabelle erstellt. Ich wünsche dir viel Freude und Erfolg bei der Arbeit mit ihr und an dir selbst!

Instrumente	Wie würde ich mich selbst nach dem Schul-Notensystem (1-6) bewerten	Was mus sich ändern?
....	....	....
	....	....
	....	....
	....	....
	....	....
....	....	....
	....	....
	....	....
	....	....
	....	....
....	....	....
	....	....
	....	....
	....	....
	....	....
....	....	....
	....	....
	....	....
	....	....
	....	....
....	....	....
	....	....
	....	....
	....	....
	....	....

Ein Mensch ist die Summe aller Bücher, die er gelesen hat

Nun hast du schon den größten Teil von „My Way" gelesen. Was ich unbedingt möchte und was dir hoffentlich mittlerweile ein Bedürfnis ist: dass du jetzt ins Handeln kommst!

Den ersten Schritt dazu hast du bereits getan, wenn du die Übungen im Buch gemacht hast. Aber diese Übungen sorgen nur dafür, dass du weißt, wo du stehst, und dafür, dass du weißt, wo du hinwillst. Entscheidend dafür, ob du nun etwas änderst oder nicht, ist ganz allein das, was nun kommt.

Das maximale Glück zu erlangen ist natürlich für jeden Menschen der Sinn des Lebens. Aber ich gehe noch einen Schritt weiter, denn ich behaupte, dass glückliche Menschen keine Konflikte und Probleme schaffen, sondern sie einfach lösen, wenn sie sozusagen vor der Tür stehen. Und so glaube ich fest daran, dass unsere Welt besser wird, wenn mehr Menschen glücklich sind. Glückliche Menschen führen keine Kriege, glückliche Menschen tragen keinen Hass gegen Andersdenkende in sich, glückliche Menschen sehen in ihrem Hund keinen Ersatz für etwas, das in ihrem Leben fehlt, glückliche Menschen haben glückliche Kinder, glückliche Menschen betrügen nicht ihren Partner, glückliche Menschen reden nicht ständig schlecht über andere und glückliche Menschen sind uneigennützig für andere da!

Für mich ist es besonders wichtig, dass man an sich selbst arbeitet. Die Entwicklung der eigenen Persönlichkeit ist ausschlaggebend dafür, wie wir mit unserem Leben umgehen. Und der einfachste Weg, um an seiner Persönlichkeit zu arbeiten, ist Lesen.

Ich habe bereits mehrfach erwähnt, dass ich ein Lesejunkie bin. Ich möchte dir jetzt einige Autoren und ihre Bücher vorstellen, die in meiner kleinen Privatbibliothek stehen und die ich allesamt mehrmals gelesen habe.

Dein nächster Schritt könnte nun sein, eines dieser Bücher zu bestellen und umgehend täglich mindestens dreißig Minuten darin zu lesen. Das wäre für dich selbst auch ein Beweis dafür, deinem Leben tatsächlich neue Impulse geben zu wollen.

„Ich mache Ihnen auf keinen Fall die Hölle heiß, ich sage Ihnen nur die Wahrheit, und Sie denken, dass die die Hölle ist." Dieses Zitat von Harry S. Truman ist zu finden in dem Buch

„Halt den Mund, hör auf zu heulen und lebe endlich!"

von Larry Winget. Winget ist der provokanteste und schrägste Personaltrainer Amerikas.

Sein Spitzname ist „Pitbull of Personal Development". Er ist in seinen Aussagen ziemlich hart und deutlich und daher nichts für Zartbesaitete, aber meiner Meinung nach ein idealer Autor zum Einstieg in die Welt der Bücher. Grundsätzlich finde ich seine Art, nicht lange um den heißen Brei herumzureden, sondern klar zu sagen, was Sache ist, nicht nur erfrischend, sondern auch einfach besser. Ich bin überzeugt, dass Larry Winget auch dich zum Nachdenken bringt.

Im genannten Buch geht es in erster Linie darum, wie erfolgreiche Menschen denken, und dass man für sich und sein Leben in allen Bereichen die Verantwortung übernehmen muss, egal ob im Beruf, in der Familie, Ehe, bei den Kindern, bei Geld, Gesundheit ...

Der Autor macht es einem sehr leicht, Spaß am Lesen zu finden. Daher ist das Buch als Einstieg bestens geeignet!

Ähnlich allgemein ist Larry Wingets zweites Buch:

„Menschen sind Idioten – und ich kann's beweisen!"

Hier geht es um Maßnahmen gegen die zehn Methoden, mit denen sich jeder Mensch selbst sabotiert. Ehrlich, drastisch und wirklich komisch wird dem Leser aufgezeigt, wie er sich Tag für Tag, bewusst oder unbewusst, selbst ein Bein stellt und damit dafür sorgt, dass er genau die Dinge, die er sich unbedingt wünscht, nie bekommt.

Es gibt noch zwei weitere Bücher von Larry Winget, die ebenfalls absolut zu empfehlen sind, beide sind sehr speziell.

„Deine Kinder sind Deine Schuld"

ist ein Buch über die Erziehung unserer Kinder.

„Goodbye Pleite, hello Luxus"

ist ein gutes Einsteigerbuch, wenn man damit beginnen will, sich über seine Finanzen Gedanken zu machen.

Der zweite Autor, den ich dir empfehlen möchte, ist Jürgen Höller. Da ich bei ihm viele Seminare besucht und auch ein unglaublich teures Einzelcoaching absolviert habe sowie meine Mitarbeiter schulen ließ, möchte ich zunächst einige Worte über Jürgen verlieren.
Ihm habe ich sehr viel zu verdanken! Er hat mich mit dem Lesevirus infiziert. Sein Buch „Sprenge Deine Grenzen" war das erste Buch, das ich zum Thema Persönlichkeitsentwicklung gelesen, sprichwörtlich verschlungen habe. Dass ich so viel lese, ist mein Glück! Durch das, was ich in Jürgen Höllers Büchern, Seminaren und beim Einzelcoaching gelernt habe, habe ich mein

Privatleben entscheidend ausgerichtet und auch die schwerste Firmenkrise bewältigt.

Jürgen Höller ist ein wahnsinnig guter Rhetoriker, Unternehmer und Selbstdarsteller. In letzter Zeit finde ich ihn etwas „too much" und es fällt mir schwer zu erkennen, was von dem, was er sagt und tut, echt und was gespielt ist. Dennoch empfehle ich seine Bücher unbedingt:

„Sprenge Deine Grenzen"

war also mein erstes „Erfolgsbuch" und ich habe darin viele Bestätigungen, Erklärungen und vor allem Neues für mich gefunden. Es ist durch und durch ein Arbeitsbuch, das für Leute, die eine nicht ganz so harte Gangart bevorzugen, zum Einstieg perfekt geeignet ist.

„Und immer wieder aufstehen"

ist die Lebensgeschichte von Jürgen Höller. Man erfährt viel über den Autor und kann vielleicht aus seinen Fehlern lernen.

„Ja! Wie Sie Ihre Ängste, Probleme und Krisen meistern"

ist das bisher letzte Buch von ihm, erschienen 2009. Auch dieses Buch halte ich für sehr empfehlenswert.

Es gibt von Jürgen Höller noch eine ganze Menge mehr Bücher. Ich bin mir sicher, dein Buchhändler berät dich dazu gern ...

Hast du schon mal von Anthony Robbins gehört? Er ist das amerikanische Original eines Motivationstrainers und sicherlich weltweit die Nummer eins. Seine Bücher sind immer ein Erlebnis, auch wenn sie sich mitunter etwas zäh lesen. Der vielleicht etwas ambitioniertere Leser kann von ihm eine ganze Menge lernen. Für den Anfang empfehle ich auf alle Fälle

„Das Prinzip des geistigen Erfolgs".

Mit weniger als zweihundert Seiten ist es das mit Abstand dünnste Buch von Anthony Robbins und somit ein guter Einstieg in seine Welt. Wer danach mehr will, und davon ist mit Sicherheit auszugehen, sollte

„Das Robbins Power Prinzip"

lesen und anschließend

„Grenzenlose Energie".

Beide Bücher sind um die fünfhundert Seiten dick und haben eine kleine Schriftgröße. Das bedeutet: Inhalt, Inhalt, Inhalt. Ich habe alle drei Bücher dreimal gelesen. Und jedes Mal Neues gelernt. Neue Techniken zum Beispiel, die ich heute Tag für Tag anwende.

Nach langer Pause hat Anthony Robbins 2015 ein neues Buch auf den Markt gebracht.

„Money: Die 7 einfachen Schritte zur finanziellen Freiheit"

umfasst knapp siebenhundert Seiten und wie der Titel bereits verrät, dreht sich alles ums Geld. Nach hinten wird das Buch etwas zäh, aber es lohnt sich allemal durchzuhalten. Denn wenn Multimillionäre, Selfmade-Multimillionäre, über Geld reden, ist es immer interessant.

Eine völlig andere Art von Lesevergnügen bieten die Bücher von Boris Grundl. Trotz seines Handicaps hat er es vom Sozialhilfeempfänger zum Millionär geschafft. Er ist heute einer der besten Seminarreferenten Europas. Zuerst würde ich sein Buch

„Steh auf!"

empfehlen. Das Buch beginnt mit Grundls Geschichte, die ungeheuer interessant ist.

Dann beschreibt er anhand seines Lebens, welche Werkzeuge man benutzen muss, um aus jeder noch so schwierig anmutenden Situation etwas zu machen. Dieses Buch ist Pflichtlektüre!

„Mach mich glücklich"

ist Boris Grundls neuestes Buch, erschienen 2014. Es trägt den Untertitel „Wie Sie das bekommen, was jeder haben will". Der Autor forscht nach dem Geheimnis glücklicher Menschen und schreibt dazu Dinge und Ansichten, die ich zuvor bei keinem anderen Autor gelesen habe. Unbedingt ebenfalls Pflichtlektüre!

Der nächste Tipp: Bodo Schäfer. Er ist nicht nur ein toller Autor, sondern auch ein hervorragender Seminarreferent. Und er ist Deutschlands, vielleicht sogar Europas Moneycoach Nummer eins! Dennoch hat das erste Buch, das ich von ihm empfehlen möchte, nur bedingt mit dem Thema Geld zu tun. In

„Die Gesetze der Gewinner"

geht es um ein 30-Tage-Programm mit Bodo Schäfers Erfolgsgesetzen.

Insbesondere dreht es sich darum, Kontrolle über seine Arbeit und seine Terminpläne zu erlangen, mit Kritik und Stress umzugehen, sich von Ängsten zu befreien, Unzufriedenheit in Erfolgsenergie umzuwandeln, mehr Geld zu verdienen und echte Anerkennung zu erhalten. In

„Der Weg zur finanziellen Freiheit"

beschreibt Bodo Schäfer den Weg zu Wohlstand, finanzieller Freiheit und Sicherheit, und das auf eine sehr tiefgründige und verständliche Art.

Ich habe einige Zeit überlegt, ob ich dir das folgende Buch vorschlagen soll oder nicht. Denn der Autor ist, sagen wir mal, „leicht" verrückt. Das ist ja grundsätzlich nichts Schlechtes, allerdings versucht der Mann gerade, Präsident der Vereinigten Staaten zu werden.

„Nicht kleckern, klotzen!"

ist der Titel von Donald Trumps Bestseller, Untertitel: „Der Wegweiser zum Erfolg aus der Feder eines Milliardärs!" Eines kann ich dir mit Sicherheit versprechen: Dieses Buch wird an keiner Stelle langweilig. Es ist Trumps Erfolgsstory. Eine beeindruckende Erfolgsstory!

Eine meiner Lieblingspersönlichkeiten ist Reinhold Messner. Ich finde ihn beeindruckend! Als meine Frau und ich einmal zu einem Vortrag von ihm waren, empfanden wir es als schier unbeschreiblich, wie die Präsenz einer einzigen Person einen ganzen Saal ausfüllen kann.
Messner hat viele Bücher geschrieben. Am meisten gefesselt hat mich

„Berge versetzen".

Darin beschreibt er die Managementstrategien seiner Unternehmungen und schlägt auf einzigartige Weise eine Verbindung zu Wirtschaft, Kunst, Politik und zum Selbstmanagement. Ein Buch, das mich gefesselt hat und das ich erst nach mehrmaligem Lesen wieder ins Regal stellen konnte.

„Liebe dich selbst und es ist egal, wen du heiratest"

war Eva-Maria Zurhorsts erstes Buch. In einer Zeit, in der ein Großteil aller Ehen wieder geschieden wird, sollte man die Gründe erforschen, warum das so ist. Was Zurhorst aufdeckt, ist klar und simpel: In der Regel ist nicht der

Partner das Problem, sondern die eigenen überzogenen Erwartungen an ihn, gepaart mit den Problemen mit sich selbst. Das Buch ist eine Liebeserklärung an die Ehe. Für mich von allen Beziehungsbüchern das Buch, durch das ich am meisten gelernt habe.

Kennst du Dieter Bohlen? Klar kennst du ihn. Natürlich hat er das eine oder andere Buch geschrieben. Oder eigentlich: schreiben lassen! Denn wirklich selbst geschrieben hat er nur eins:

„Der Bohlen-Weg."

Darin beschreibt Dieter Bohlen auf äußerst unterhaltsame Art und Weise die Regeln und Geheimnisse seines Erfolges. Wen Larry Winget begeistert hat und wer nach Büchern mit einer glasklaren Sprache sucht, der ist hier genau richtig. Mir hat dieses Buch wirklich gefallen, auch wenn ich kein ausgesprochener Fan von Dieter Bohlen bin. Aber er schreibt amüsant, regt zum Nachdenken an und ist manchmal sogar eine Spur bescheiden und irgendwie auch „sparsam". Wenn erfolgreiche Menschen ihre Erfolgsgeheimnisse verraten, und das noch auf eine witzige Art, sollte man unbedingt zuhören!

„Beweg Deinen Arsch!"

ist der Titel des bisher einzigen Buches des Erfolgs- und Mentaltrainers Frank Wilde.

Ich habe es zwei-, drei- oder viermal gelesen und ihn auch live gesehen. Er hat mich nicht umgehauen, aber unterhalten und zum Nachdenken angeregt. Ich würde dir unbedingt empfehlen, sein Buch zu lesen, denn Frank Wilde hat es geschafft, seinen eigenen Weg zu finden und dabei vor allem die mentale Schiene in den Mittelpunkt zu rücken. Und das ohne großen Hokuspokus, sondern auf eine wirklich solide Art und Weise.

Genau wie das folgende Buch. Dr. Joseph Murphys

„Die Macht Ihres Unterbewusstseins".

Wie ich schon schrieb, ist das Unterbewusstsein wohl eines der am meisten vernachlässigten, aber grundsätzlich wichtigsten Instrumente, um erfolgreich und glücklich zu werden.

Wer sich mit der gleichen Thematik, aber auf wesentlich unterhaltsamere Art und Weise beschäftigen möchte, dem empfehle ich Mirsakarim Norbekovs

„Eselsweisheit: Der Schlüssel zum Durchblick oder wie Sie Ihre Brille loswerden".

In erster Linie geht es in dem Buch darum, dass laut Norbekov fast jeder Brillenträger durch ein bestimmtes Training seine Sehkraft so sehr und nachweislich verbessern kann, dass er keine Brille mehr braucht. Letztlich aber geht es um die Macht des Unterbewusstseins. Norbekov ist Professor sowie Doktor der Psychologie, der Pädagogik und der Medizinphilosophie. „Trotzdem" findet er deutliche Worte und argumentiert sehr „umgangssprachlich". Seine Erfolgsquote liegt bei fast 100 Prozent. Das Buch gehört zu meinen absoluten Top Ten.

Das wohl bekannteste Buch in meiner Empfehlungsliste ist Dale Carnegies

„Sorge dich nicht, lebe!".

Im Buch geht es um die „Kunst, zu einem von Ängsten und Aufregungen befreiten Leben zu finden", wie der Untertitel verrät. Eine Aussage ist mir besonders in Erinnerung geblieben: dass 99 Prozent der Dinge, über die man sich Sorgen macht, statistisch gesehen niemals eintreten. Eine Tatsache, die mich total geflasht hat. Und wenn ich mir seitdem über etwas Sorgen mache, denke ich sofort daran, dass wahrscheinlich alles gut ausgeht. Und sofort fühle ich mich besser! Aber dieses Buch gibt natürlich noch viel mehr

Anregungen, um zu einem weitgehend sorgenfreien Leben zu kommen.

„simplify your life"

von Werner Tiki Küstenmacher hat meine Denkweise ebenfalls stark beeinflusst. Der Grundgedanke ist es, sein Leben zu vereinfachen. Und das in allen Bereichen. Ob in puncto Finanzen, Zeit, Gesundheit, Beziehungen, Partnerschaft oder uns selbst. Wir müllen uns zu, denken zu kompliziert und sind somit nicht mehr in der Lage, das wirklich Wichtige zu sehen.
Küstenmachers Buch ist simpel geschrieben, es ist logisch und bietet vor allem sehr viele gut umsetzbare Ideen an.

Der Markenname „Virgin" ist dir sicher ein Begriff, daher kennst du wohl auch den Namen, der dahintersteht: Richard Branson. Er hat mehr als ein Buch veröffentlicht, am besten hat mir aber

„Geht nicht, gibt's nicht"

gefallen. In diesem Buch gibt Branson seine Erfolgstipps zum Besten. Die Tipps, die ihn zum absoluten Überflieger gemacht haben. An eine Aussage muss ich immer wieder denken: „Verschwenden Sie nicht Ihre Zeit, packen Sie

Gelegenheiten beim Schopf!" Darin steckt viel Wahrheit. Wie oft verschwendet man seine Zeit, als hätte man unendlich davon zur Verfügung.

Und wie oft bieten sich in unserem Leben Chancen, die wir ungenutzt verstreichen lassen. Richard Branson hat gelernt, danach zu leben. Er ist einer, der sich nicht verbiegen ließ und alle seine Träume, egal wie verrückt sie waren, verwirklicht hat. Es macht großen Spaß, sein Buch zu lesen.

Aus der Feder des Psychologen und Bestsellerautors Robert Betz stammt

„Willst du normal sein oder glücklich?".

Eine gute Frage, wie ich finde. Betz ermutigt seine Leser, ausgetretene Pfade zu verlassen und einzutauschen gegen den Weg des Herzens – mutig, freudig, authentisch und erfolgreich! Wie oft hat man das Gefühl, den Anforderungen anderer entsprechen zu müssen, obwohl es eigentlich unser Ziel sein müsste, unser eigenes Leben zu einem wundervollen Abenteuer zu machen.

Eine beeindruckende Persönlichkeit ist Nick Vujicic, der ohne Arme und ohne Beine geboren wurde. Von ihm stammt die Aussage: „Ohne Arme und Beine ist halb so schlimm wie ohne Hoffnung!" Und weil es auf dieser Welt sehr viel

Hoffnungslosigkeit gibt, hat Nick Vujicic es sich zur Aufgabe gemacht, anderen Menschen Mut und Hoffnung zu geben.
Dazu bereist er die ganze Welt und erzählt aus seinem Leben. Genau das tut er auch in seinem Buch

„Mein Leben ohne Limits"

mit dem Untertitel „Wenn kein Wunder passiert, sei selbst eins!". Und genau das ist Nick Vujicic! Sein Buch ist unwahrscheinlich ergreifend und inspirierend.

Ein Buch, dessen Titel vielleicht im ersten Moment etwas makaber anmutet, ist Bronnie Wares

„5 Dinge, die Sterbende am meisten bereuen".

In einem Seminar bekam ich einmal die Aufgabe, meinen eigenen Nachruf zu schreiben. Ich verstand die Aufgabe sofort und ich liebte sie. Ich liebe sie noch heute. Denn der Tod lässt uns auch unser Leben mit ernsteren Augen sehen.
Bronnie Ware arbeitete lange als Sterbebegleiterin. Sie stellte fest, dass sich bei den letzten Worten und Gedanken einiges wiederholte, genauer gesagt fünf Dinge. Es ist interessant, diese fünf Dinge kennenzulernen, und der Leser bekommt die Chance, die Weichen in seinem Leben so zu

stellen, dass er selbst auf dem Sterbebett nichts zu bereuen hat.

Michael Winterhoff ist Kinderpsychologe und ich liebe seine Bücher. Vor allem

„Warum Kinder Tyrannen werden"

und

„Persönlichkeiten statt Tyrannen".

Ich denke, beim Thema Kindererziehung ist es wie beim Thema Hundeerziehung: Wenn du hundert Bücher liest, hast du hundert Meinungen. Und die Menschen, die am meisten darauf pochen, dass ihre Meinung die richtige ist, haben die unerzogensten Kinder bzw. Hunde.

Dabei könnte es so einfach sein und ich bin überzeugt, dass die wenigsten Eltern wirklich einen Kinderpsychologen/Hundetrainer bräuchten, wenn sie in der Lage wären, logisch zu denken!

Michael Winterhoff gibt sich die größte Mühe, seinen Lesern das logische Denken wieder näherzubringen bzw. die logisch Denkenden in ihrer Denke zu bestärken.

Neben Dale Carnegies Bestseller „Sorge dich nicht, lebe" sollte jeder noch ein zweites Buch unbedingt lesen.

Und zwar Napoleon Hills

„Denke nach und werde reich".

Mit diesem Buch kann man Hills dreizehn Erfolgsgesetze entdecken und für sich selbst nutzen. Seit Jahrzehnten ist dieses Buch ein Bestseller und hat sich weltweit über zehn Millionen Mal verkauft.

„Unverkäuflich"

heißt das Buch von Schulabbrecher, Fußballprofi und Weltunternehmer Bobby Dekeyser. Ich habe das Buch im „Winterurlaub" am Meer gelesen und konnte es kaum aus der Hand legen. Das Buch beginnt traurig, doch die Geschichte begeistert – und regt zum Nachdenken an!

Das letzte Buch, das ich empfehlen möchte, ist von einem Fahrschullehrer aus Gera. Das klingt nicht gerade besonders? Ich würde sagen: Unterschätze niemanden! Mike Fischer ist vielleicht der genialste Fahrschullehrer der Welt und in

„Erfolg hat, wer Regeln bricht"

beschreibt er, wie er seine Firma in jeder Hinsicht zu etwas Besonderem gemacht hat. Das Buch liest sich locker und fluffig und ist für jeden Unternehmer Pflichtlektüre.

Ich hoffe, du beginnst jetzt zu lesen? Es wird dir helfen, versprochen!

Was ich dir wünsche

Der Mensch ist eigentlich ein perfektes Wesen. Keine noch so moderne Erfindung kann ihn toppen. Er hat Sinnesorgane, um die Welt wahrzunehmen. Er hat ein Herz, das ihn antreibt. Und er hat ein Gehirn, das es ihm ermöglicht zu denken.

So kommt er auf die Welt. Jeder mit ähnlichen Voraussetzungen. Sehr unterschiedlich sind dann die Bedingungen, unter denen wir aufwachsen, unsere Kindheit erleben.

Es heißt, dass unsere Kindheit einen großen Einfluss darauf hat, was aus uns später einmal wird. Und sicher ist das auch korrekt. Aber komisch ist es doch, dass zum Beispiel Geschwister, die unter haargenau den gleichen Umständen aufwachsen, sich oft genug völlig gegensätzlich entwickeln. Und noch etwas ist bemerkenswert: dass jeder Erlebnisse aus seiner Kindheit unterschiedlich wertet.

Ein Massenmörder in den Vereinigten Staaten hatte zwei Söhne. Als die beiden erwachsen waren, geriet der eine ebenfalls auf die schiefe Bahn. Und im Alter von dreiundzwanzig Jahren tötete er einen Menschen. Sein Bruder hingegen begann bereits als Jugendlicher damit, sich um Kriminalitätsopfer zu kümmern. Beide wurden später einmal gefragt, warum sie wohl so geworden sind. Und beide gaben die gleiche Antwort. Sie sagten: „Bei so einem Vater konnte ich nur so werden!" Verrückt, oder?

Doch was lernen wir daraus? Ganz einfach! Wenn du ein erwachsener Mensch bist, gibt es für dein Leben keine Ausreden mehr. Auch Entschuldigungen sind nicht mehr sinnvoll. Es ist egal, wie klug du bereits als Kind warst! Egal, wie deine Kindheit war. Egal, ob deine Eltern viel Geld hatten. Das alles spielt überhaupt keine Rolle mehr!

Das Einzige, was jetzt, hier und heute eine Rolle spielt, ist:

1.) Du bist ein erwachsener Mensch!
2.) Du kannst denken!

Deswegen verbieten sich: Gejammer, Leben in der Vergangenheit, Leben ausschließlich in der Zukunft, Ausreden! „Wenn ich damals nur nicht ..." oder „Mir fehlte einfach das Glück ..." oder „Irgendwann werde ich ..." sind Sätze, die eines über den, der sie ausspricht, verraten: dass er ein Verlierer des Lebens ist.

Aber er müsste kein Verlierer sein! Niemand hat ihn zum Verlierer gemacht! Außer er selbst!

Es ist nicht schön, ein Verlierer des Lebens zu sein. Weder für den Verlierer noch für sein Umfeld. Verlierer zerstören und sabotieren sich selbst. Und sie werden mit der Zeit immer unzufriedener. Eigentlich unzufrieden mit sich selbst.

Aber um das zu erkennen und zuzugeben, fehlt ihnen die Selbstkritik. Obwohl es ihnen eigentlich gut geht, schimpfen sie immer mehr. Und sie suchen sich gezielt Schuldige. Diese Schuldigen sind dann entweder die, welche Macht haben, zum Beispiel Politiker. Die, welche aus ihrem Leben etwas gemacht haben, zum Beispiel Bekannte. Und vor allem Schwächere, zum Beispiel Flüchtlinge.

DU ganz allein, egal wie alt du heute bist, musst eines für dich selbst entscheiden: Möchtest du ein Verlierer des Lebens sein oder möchtest du ein Gewinner des Lebens sein?

Ich wünsche dir von ganzem Herzen, dass du dich dazu entschlossen hast oder jetzt entschließt, ein Gewinner des Lebens zu sein!

Übernimm die Verantwortung! Für alles, was dir in deinem Leben passiert! Wenn du das tust, bist du auf dem richtigen Weg.

Und ich hoffe, dass meine Geschichte und meine Tipps dir ein klein wenig helfen auf dem Weg, aus deinem Leben ein Meisterwerk zu machen. Ich weiß, dass du es schaffen kannst und ich glaube an dich!

Und jetzt bist du selbst dran ...

Danksagung

Nun bin ich am Ende meines Notizzettels angelangt, auf dem in groben Zügen der Inhalt meines Buches vorskizziert war. Ein letztes kleines Wörtchen steht da noch: Danksagung! An das Ende eines Buches gehört eine Aufreihung der Namen aller Menschen, die dem Autor bei der Arbeit an seinem Buch helfend zur Seite standen. Da sich mein Buch um mein Leben dreht, heißt das wohl, ich sollte die Namen der Menschen aufführen, die mir im Leben und bei der Arbeit am Buch etwas Gutes getan haben. Oh mein Gott, kann ich da nur sagen! Denn wenn ich das gründlich tun würde, wären die nächsten 100 Buchseiten schon so gut wie gefüllt. Aber ich glaube, das kann ich niemandem zumuten. Daher will ich mich auf das Wesentliche konzentrieren und beginne mit dem Dank an die Menschen, die mir bei der Arbeit an diesem Buch geholfen haben: Ich danke meiner Frau Anja für ihr Vorwort und für ihre Tipps, Anmerkungen und Kritik. Ich danke Steve Jobs für mein wunderbares Handy, dank dem ich in beinahe jeder Lebenssituation an meinem Buch arbeiten konnte. Ich danke BOD, die es mir ermöglichen, meine Bücher so zu veröffentlichen, wie ich es für richtig halte. Ich danke allen Leserinnen und Lesern, die mir zu meinem ersten Buch „Hunde verdienen bessere Menschen" ein Feedback gegeben haben und mich dadurch motivierten, ein weiteres Buch zu schreiben. Ich danke Bianca Nestler für ihre Unterstützung in technischer Hinsicht. Und ich danke Andrea Groh, die dieses Buch lektoriert hat, für ihre vorzügliche Arbeit. Nicht vergessen darf ich natürlich Gregor Lorenz für seine wunderbaren Fotos.

Hinsichtlich meines Lebens danke ich Gott dafür, dass er mich erschaffen und so viel Geduld mit mir hat. Ich danke meinen Eltern, einfach für alles! Ich danke meiner Frau, meiner wunderbaren Sonne. Ich danke meinen Kindern, ich erkenne mich in euch wieder, ich liebe euch, ich genieße jede Sekunde, die wir gemeinsam verbringen. Ich danke meinen Schwiegereltern, ihr seid unglaublich! Ich danke Carolin Hagert und Dennis Dietz für ihren Einsatz, ihre Loyalität und Zuverlässigkeit. Ich danke Bianca Nestler, die mir durch ihre Arbeit vieles abnimmt. Ich danke allen blinden und sehenden Kunden für ihr Vertrauen. Ich danke allen Gönnern dafür, dass sie sich mit mir an meinen Erfolgen erfreuen. Und ich möchte allen Neidern den Rat geben, die Tipps in meinem Buch zu befolgen: denn dann können auch aus ihnen glückliche Menschen werden, Menschen, die sich über den Erfolg anderer freuen. Das wiederum wäre für mich eine große Freude!

Heiko Münzner

HUNDEZENTRUM MÜNZNER

Heiko Münzner bildet in seinem Hundezentrum gemeinsam mit seiner Frau Anja Blindenführhunde aus. Außerdem arbeitet er als Persönlichkeitstrainer der etwas anderen Art. Er gibt Seminare und Einzelunterricht und verbindet dabei die Arbeit an der eigenen Persönlichkeit und die Arbeit am Hund. Nur auf diese Art, da ist sich Heiko Münzner sicher, kann langfristig das Verhalten eines Hundes verändert werden.

Heiko Münzner
Carolathal 26
08359 Breitenbrunn
Deutschland

Tel. 037756 - 799 17
Fax. 037756 - 799 18

info@h-z-m.de
www.h-z-m.de

ISBN: 9783839127964

DAS ERSTE BUCH

VON HEIKO MÜNZNER für nur 13,90 €

Jetzt bestellen unter www.h-z-m.de oder 037756/799 17